Motivação
sem Truques

Meiry Kamia

Motivação *sem* Truques

ALTA BOOKS
EDITORA
Rio de Janeiro, 2014

Motivação sem Truques
Copyright © 2014 da Starlin Alta Editora e Consultoria Eireli. ISBN: 978-85-7608-888-2
Todos os direitos reservados e protegidos por Lei. Nenhuma parte deste livro, sem autorização prévia por escrito da editora, poderá ser reproduzida ou transmitida.

A editora não se responsabiliza pelo conteúdo do texto formulado exclusivamente pelo autor.

Erratas e arquivos de apoio:: No site da editora relatamos, com a devida correção, qualquer erro encontrado em nossos livros bem como disponibilizamos arquivos de apoio se aplicável ao livro. Acesse o site www.altabooks.com.br e procure pelo título do livro desejado para ter acesso as erratas e/ou arquivos de apoio.

Marcas Registradas: Todos os termos mencionados e reconhecidos como Marca Registrada e/ou Comercial são de responsabilidade de seus proprietários. A Editora informa não estar associada a nenhum produto e/ou fornecedor apresentado no livro.

Impresso no Brasil — 1ª Reimpressão, novembro de 2014

Produção Editorial	Supervisão Gráfica	Design Editorial	Captação e Contratação de Obras Nacionais	Vendas Atacado e Varejo
Editora Alta Books	Angel Cabeza	Aurélio Corrêa		Daniele Fonseca
Gerência Editorial	**Supervisão de Qualidade Editorial**	Auleriano Messias	Cristiane Santos	Viviane Paiva
Anderson Vieira			J. A. Rugeri	comercial@altabooks.com.br
Editoria Nacional	Sergio Luiz de Souza		Marco Pace	**Marketing e Promoção**
Letícia Vitoria	**Supervisão de Texto**		autoria@altabooks.com.br	marketing@altabooks.com.br
Livia Brazil	Jaciara Lima			**Ouvidoria**
Milena Lepsch				ouvidoria@altabooks.com.br
Thiê Alves				

	Claudia Braga	Karolina Lima	Milena Souza	Raquel Ferreira
Equipe Editorial	Eduarda Girard	Marcelo Vieira	Natália Gonçalves	Rodrigo Araujo
	Hannah Carriello	Mayara Coelho		

Revisão Gramatical	**Diagramação**	**Layout e Capa**	**Ilustrações**	
Iara Zanardo	Futura	Aurélio Corrêa	Meiry Kamia	

Dados Internacionais de Catalogação na Publicação (CIP)

K15m   Kamia, Meiry.
            Motivação sem truques / Meiry Kamia. – Rio de Janeiro, RJ : Alta Books, 2014.
            160 p. : il. ; 21 cm.

            Inclui bibliografia.
            ISBN 978-85-7608-888-2

            1. Motivação (Psicologia). 2. Motivação no trabalho. 3. Automotivação. 4. Autorrealização. I. Título.

                                      CDU 658.310.13
                                          159.947
                                        CDD 658.314

Índice para catálogo sistemático:
1. Motivação para o trabalho   658.310.13
2. Motivação : Psicologia   159.947

(Bibliotecária responsável: Sabrina Leal Araujo – CRB 10/1507)

ALTA BOOKS
EDITORA

Rua Viúva Cláudio, 291 — Bairro Industrial do Jacaré
CEP: 20970-031 — Rio de Janeiro
Tels.: 21 3278-8069/8419 Fax: 21 3277-1253
www.altabooks.com.br — e-mail: altabooks@altabooks.com.br
www.facebook.com/altabooks — www.twitter.com/alta_books

Em memória de meus antepassados,
de minha mãe, Miyako Kamia,
Fukuoka, Japão, 1945-2011,
e à vida que prossegue... com Kevin.

Sumário

SOBRE O AUTOR 1

TRANSFORMAÇÕES QUE ESTE LIVRO PODE
CAUSAR À SUA VIDA 3

PREFÁCIO 5

DESVENDANDO OS TRUQUES DA MOTIVAÇÃO 7

1. Por que a motivação é importante? 7
2. Que vantagens tenho ao conhecer mais sobre esse tema? 8
3. Como a motivação funciona? 9
4. E a automotivação, como funciona? 13
5. Como saber se estou motivado? 14
6. Por que é tão difícil descobrir o que nos motiva? 16
7. Como saber o que me motiva? 19
8. Fiz os exercícios, mas fiquei em dúvida sobre duas metas muito distintas. Como posso tirar minha dúvida? 22
9. Como definir as metas de médio e curto prazo? 23
10. Uma vez definidas minhas metas, elas nunca mais mudarão? Como saber se fiz a escolha certa? 27
11. Qual é a vantagem de estipular metas com tantos detalhes e cuidados? 29
12. É possível que a automotivação ocorra simplesmente ao observar uma pessoa motivada, como um amigo que está sempre alegre e incansável em busca de seus objetivos? 33
13. Há pessoas que nascem com mais facilidade para se automotivarem do que outras? 34
14. Por que perdemos a motivação? 36

15. Conheço pessoas que se encaixam no perfil da vítima e gostariam de mudar, mas não conseguem. Tampouco conseguem se automotivar. Por que isso acontece?..................41
16. Além das crenças negativas e inconscientes que se encontram por trás do ciclo da autossabotagem, existem outros tipos de crenças? Como elas surgem e como funcionam?..................47
17. Como saber se estou sendo vítima de uma crença inconsciente e como saber se minhas metas recém-criadas não estão contaminadas por elas?..................52
18. Se a autoconfiança é tão importante para a automotivação, como posso fazer para aumentar a autoconfiança?..................55
19. Ouvi dizer que o dinheiro não pode ser colocado como meta final. Entretanto, vivemos em uma sociedade na qual o dinheiro é necessário para tudo. Como lidar com isso?..................57
20. Ser motivado é suficiente para ter sucesso na vida?..................60
21. É possível se sentir motivado para tudo, o tempo todo?..................61
22. Motivação tem a ver com força de vontade?..................62
23. A personalidade influencia na capacidade de se automotivar?..................65
24. Automotivação tem a ver com inteligência?..................66
25. Metas muito desafiadoras podem rebaixar a motivação?..................72
26. Pessoas que trabalham com mais autonomia apresentam maior motivação?..................73
27. Reconhecimento aumenta a motivação?..................77
28. Pessoas motivadas realmente produzem mais?..................81
29. Pessoas motivadas são mais felizes?..................85
30. Então é possível afirmar que pessoas felizes são mais motivadas?..................87

Sumário

31. Motivação tem a ver com fé?...89
32. Por que é tão difícil modificar positivamente a vida? O que é preciso fazer para mudar?.............97
33. Amor tem a ver com motivação?..101
34. Como é vista a motivação no caso de uma pessoa com depressão?................................104
35. Excesso de motivação pode ser ruim? Existe um nível bom?...107
36. O que fazer quando uma pessoa o desmotiva totalmente?...108
37. Por que algumas pessoas nos fazem sentir cansaço ou falta de energia simplesmente com sua presença?...110
38. O que fazer quando não se tem motivação para o trabalho, mas precisa do salário?.............116
39. Como posso me sentir feliz em meio ao caos da minha vida?..118
40. Sofri uma grande decepção: estava em plena ascensão profissional e fui demitido do cargo de gerente. Depois disso, não consegui resgatar a motivação. O que devo fazer?.............121
41. O que fazer quando a motivação da sua vida morre?..123
42. Quando as coisas não acontecem da forma prevista, fico muito frustrado e demoro para resgatar a motivação. O que devo fazer?..............129
43. É possível motivar outra pessoa?...132
44. Ouvi dizer que motivação e satisfação são coisas diferentes. Você poderia explicar melhor?...133
45. Como uma empresa pode motivar e não apenas manter o funcionário satisfeito?..................133
46. Se a motivação nasce de uma necessidade interna, como é possível explicar o caso de pessoas que se dizem motivadas pelo salário?..134
47. Manter a equipe motivada é suficiente para alcançar metas?...135

48. O que fazer com uma equipe desmotivada?..........136
49. O que fazer para não se sentir desmotivado quando integra uma equipe ruim?..........137
50. Sinto-me estressado e desmotivado. Tirar férias ajuda a recuperar a motivação?..........139

CONCLUSÃO..........143

REFERÊNCIAS BIBLIOGRÁFICAS..........147

SOBRE O AUTOR

Meiry Kamia nasceu em berço mágico. Seus pais, sr. **Tiossabro Kamia** e sra. **Miyako Kamia**, apaixonados por mágicas e artes circenses, abandonaram a vida estável, gerenciando uma rede de supermercados, para lançarem-se na vida artística. Tal decisão ocorreu após o sr. Tiossabro passar por uma experiência de quase morte, quando foi diagnosticado com leucemia. Sua cura foi considerada um milagre, e sr. Tiossabro aproveitou a chance que a vida lhe oferecia, para fazer do seu hobby, uma profissão. Abraçou de corpo e alma a atividade que realmente amava: levar alegria às pessoas por meio dos shows de mágicas.

Na ocasião, os filhos eram pequenos, quatro ao todo. Sr. Tiossabro investiu firme na formação artística dos filhos, com cursos de ballet clássico, sapateado, escolas de circo, aparelhos de mágicas, etc. E, desde pequenos, todos os filhos participavam dos shows executando números variados que incluíam malabarismo, equilibrismo, dança, mágica e teatro.

Meiry Kamia estreou nos palcos aos dois anos de idade, formando, com a irmã, a menor dupla de mágicas do mundo, em 1975. Aos 17 anos, foi premiada com o prêmio de Melhor Mágica da América Latina, no Congresso realizado pela Federação Latino-Americana de Sociedades Mágicas.

Apaixonada por pessoas e seus comportamentos, Meiry decidiu cursar **Psicologia**. Entretanto, percebeu que as duas profissões poderiam conflitar em algum momento, o que não demorou a acontecer. Era preciso escolher entre a Mágica (como artista) ou a Psicologia (como terapeuta). Na mesma ocasião, Meiry foi convidada a ministrar aulas e teve a ideia de inserir mágicas nas aulas, como forma de prender a atenção dos alunos. A receita deu certo.

A facilidade de trabalhar com grupos de pessoas e a experiência profissional na área administrativa e nos palcos a levaram naturalmente para atuação na **Psicologia Organizacional**, em treinamento e desenvolvimento de pessoas, onde passou a utilizar a mágica e técnicas teatrais em treinamentos e para fortalecer conceitos. O **mestrado em Administração**, com foco em **Comportamento Organizacional**, consolidou o conhecimento acadêmico necessário para atuação em empresas de grande porte.

Existe uma demanda muito grande por parte das empresas para treinar e desenvolver seus colaboradores. Entretanto, há a preocupação em oferecer uma metodologia diferenciada, lúdica, mas que também traga resultados concretos. A bagagem trazida pela carreira artística, somada à formação acadêmica, resulta no método desenvolvido por Meiry Kamia, que reúne criatividade e conhecimento com resultados eficazes.

TRANSFORMAÇÕES QUE ESTE LIVRO PODE CAUSAR À SUA VIDA

Todas as pessoas buscam a felicidade, que é um estado emocional muito parecido com amor e motivação. Quando estamos motivados, nos sentimos felizes. Quando estamos amando, nos sentimos felizes. Essa sensação de bem-estar é um estado emocional resultante da percepção e interpretação da realidade.

Muitas pessoas sofrem infelizes, desanimadas, frustradas e doentes física e psicologicamente justamente porque acreditam serem vítimas das circunstâncias. Este livro ensinará os segredos para que você seja o criador de situações positivas em sua vida. Ensinará a mudar o modo sabotador de pensar e agir por meio de uma leitura fácil e com exercícios simples e práticos que podem ser inseridos facilmente em seu dia a dia, transformando padrões de comportamento negativos em positivos.

A maioria dos livros sobre motivação aborda o tema apenas do ponto de vista técnico, esquecendo-se que o ser humano deve ser visto como um ser holístico, que envolve os planos **físico**, **emocional**, **mental** e **espiritual**. Para ter domínio da própria motivação, é preciso que os quatro planos sejam desenvolvidos. Isso significa ter uma saúde física adequada, saber gerar estados emocionais positivos por meio de pensamentos e atitudes positivas e estar sempre em busca do aperfeiçoamento espiritual, que pode ser alcançado por meio do desenvolvimento de virtudes como perseverança, paciência, determinação, humildade para aprender, compaixão, etc.

As ideias que você verá aqui são parte de minhas palestras. Decidi escrever este livro para poder me aprofundar nos temas que são desenvolvidos nas palestras, bem como para atender aos inúmeros pedidos de meus ouvintes, que desejavam compartilhar dessas ideias com seus familiares e amigos.

Como também desenvolvo treinamentos empresariais e tenho uma personalidade bastante prática, acabei desenvolvendo uma metodologia de ensino muito mais voltada para o vivencial (prático) do que o teórico. Seria algo do tipo "aprender fazendo". Por conta disso, optei por escrever este livro em forma de perguntas e respostas para facilitar a leitura, principalmente de leitores que têm o hábito de ler livros enquanto esperam uma consulta ou dentro do ônibus, por exemplo. O formato de perguntas e respostas também facilita a localização de temas específicos caso você queira discutir a ideia com seus familiares e amigos.

Aqui, você encontrará temas diversos que aparentemente vão além da motivação, mas que podem ser relacionados, tais como autoconfiança, planejamento, produtividade, inteligência emocional, depressão, felicidade, fé, entre outros.

Ao final, você terá em suas mãos todas as ferramentas necessárias para transformar a sua vida e a sua realidade. Basta que você queira fazê-lo!

PREFÁCIO

MOTIVAÇÃO é um impulso que nos move para atingir nossos objetivos e, com certeza, o texto deste livro facilitará muitos a se moverem, palavra que vem do latim *movere*.

Observamos, na leitura do livro, a citação do grande estudioso **M. Maslow**, e acrescento **M.C. Clelland** e **Hertzberg**, que abordam esse tema, colaborando com o desenvolvimento de empresas e orientando as necessidades pessoais dos seus colaboradores. Acredito que irá contribuir mais ainda para motivar com simplicidade e sem truques os desmotivados em geral.

Este livro tem leitura dinâmica e fácil, e atingirá, com certeza, os interesses do público em geral. Em nosso país, precisamos, além de truques inofensivos, de persistência permanente para mantermos nossas motivações em todos os setores da sociedade. Acredito que o conteúdo deste livro estimulará os leitores nesse momento aflitivo para toda a humanidade, quer seja no mundo das finanças ou nas injustiças sociais pelas quais passamos.

Que este livro traga ajuda a nossa sobrevivência, tanto no trabalho, quanto na vida social. Vamos misturar nossas alegrias e tristezas, nossas perdas e conquistas, nossas mágicas e truques. Vamos brindar à esperança e à motivação.

Motivar as pessoas é um dom de Deus e, nesse caso, é uma questão de **FÉ**, um dos itens abordados neste livro pela excelente palestrante e autora Meiry Kamia, que muito encanta e nos faz acreditar em um mundo melhor!

— Norton Glabes Labes,
Presidente da Bradesco Capitalização S.A.

Motivação sem Truques

DESVENDANDO OS TRUQUES DA MOTIVAÇÃO

Por que iniciamos o ano animados com metas novas e, normalmente, terminamos frustrados por não ter conseguido realizar nem metade delas? Por que não conseguimos prosseguir com as dietas e os exercícios físicos? Por que algumas pessoas são mais motivadas e outras mais desanimadas? Como funciona a autossabotagem e como escapar dela? Como alcançar a realização profissional através do trabalho?

Essas são algumas perguntas que serão respondidas no decorrer do livro. Qual é a sua dúvida? Escolha uma pergunta e descubra os segredos da motivação.

1. Por que a motivação é importante?

Porque sem a motivação não é possível colocar nenhum projeto em prática. Isso ocorre porque a motivação é a própria energia que nos põe em movimento. Toda garra, determinação e força de vontade dependem justamente da motivação.

2. Que vantagens tenho ao conhecer mais sobre esse tema?

O grande problema da motivação é que a maioria das pessoas não consegue dominar essa habilidade. Quantas vezes você prometeu para si mesmo que começaria a praticar exercícios, pararia de fumar, pouparia dinheiro ou iniciaria uma dieta para reduzir os níveis de colesterol e simplesmente desistiu no meio do caminho? E aí, quando desiste, você não entende por que desistiu. Você só sabe que, no início, estava bastante motivado, mas essa motivação não sobreviveu ao passar do tempo. Então, você começa a buscar desculpas para justificar a desistência do plano e o foco acaba se tornando as desculpas. Você tem desculpas na ponta da língua, mas não tem a resposta do motivo pelo qual desistiu daquilo que lhe é importante.

O foco nas desculpas ocorre porque ele esconde a sensação de frustração consigo mesmo. Assumir que foi você mesmo quem desistiu é mais penoso do que dizer que desistiu porque ficou sem dinheiro, porque a família não ajudou, porque as pessoas puxaram o tapete, etc.

No entanto, mesmo munido de desculpas, fica o registro inconsciente de que você falhou. Fica a sensação de impotência e de que você foi vítima de si mesmo. A questão é que as desculpas servem para enganar os outros, mas não dá para enganar a si mesmo. A falta de gestão da automotivação leva a uma coleção de insucessos que, somados, geram dúvidas sobre si mesmo, e isso pode abalar a autoconfiança.

A vantagem de conhecer a energia da motivação e como ela funciona é que esse conhecimento lhe dá o poder de conduzir sua vida da forma mais positiva possível, uma vez que a motivação está relacionada ao sentimento de felicidade. Além disso, o fato de você conseguir dominar sua motivação, sua alegria, sua determinação e sua disciplina mostra que você não é uma vítima, mas sim o criador de sua própria vida. Você perceberá que, se não há limites para sonhar, também não há limites para realizar.

3. Como a motivação funciona?

A motivação nasce de uma necessidade. Por exemplo, quando você percebe que está com sede, automaticamente vem o desejo de saná-la, correto? Então, para matar a sede, você busca água. A sede é considerada o fator motivador por despertar a ação de buscar água. A água, por sua vez, seria considerada o fator de satisfação. Assim, a motivação é exatamente a energia que o coloca em movimento em busca da sua satisfação.

A palavra motivação significa "motivo para a ação". É o motivo pelo qual você faz alguma coisa. Todo comportamento é motivado por uma necessidade. Se não há necessidade, não há motivação. Por exemplo, se você não tem sede nesse momento, não há razão para buscar água. Entretanto, se você sabe que vai a algum lugar em que a água é escassa, poderá antecipar a ação e buscar água agora. A motivação é a mesma, você não quer ter uma necessidade que não possa ser sanada. Nossa tendência é a de querermos que todos os nossos desejos sejam realizados.

Maslow foi um dos primeiros psicólogos a falar sobre motivação e sua grande contribuição foi a famosa "hierarquia das necessidades".

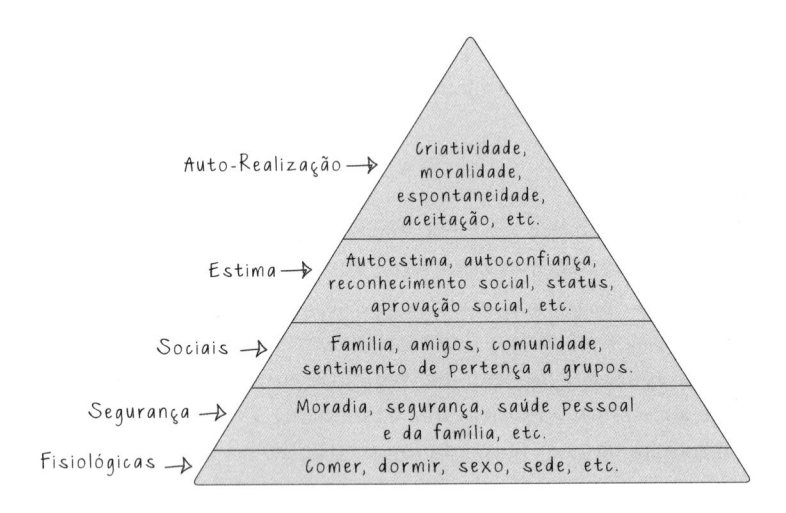

Maslow agrupou as necessidades humanas em cinco categorias:
- Necessidades fisiológicas. Exemplos: comer, dormir, sexo, frio, sede, etc;
- Necessidades de segurança. Exemplos: moradia, segurança física, da saúde, da família, etc;

Princípios Básicos da Motivação

- Necessidades sociais. Exemplos: sentimento de pertencer a grupos como família, comunidade, amigos, clubes, etc;
- Necessidades de estima. Exemplos: autoestima, autoconfiança, conquista, reconhecimento, aprovação social, status, etc;
- Necessidades de autorrealização. Exemplos: criatividade, ausência de preconceitos, aceitação dos fatos e espontaneidade. Engloba a capacidade do ser humano de descobrir seu verdadeiro potencial, assumir sua missão maior e continuar, ele mesmo, galgando sua própria evolução.

Segundo a Teoria de Maslow, o ser humano é motivado por necessidades que podem ser dispostas em uma hierarquia que engloba desde as necessidades biológicas até as necessidades sociais e de realização. Uma vez que as necessidades básicas são supridas, é natural que o ser humano busque outras necessidades que, ao mesmo tempo em que o saciam, fazem com que ele evolua como ser humano.

Entretanto, essa hierarquia não é fixa. A cultura e os valores sociais, familiares e pessoais também podem influenciar o aspecto motivacional. Apesar de necessidade não ser a mesma coisa que valor, um valor pode ser tão importante para uma pessoa que se torna uma necessidade. Por exemplo, imagine alguém que tenha o valor "segurança" muito alto. Esse aspecto poderá ter um grande impacto no processo decisório de onde ela aplicará seu dinheiro. Pessoas que valorizam a segurança poderão dar preferência a gastar seu dinheiro com planos de saúde, seguro de vida, segurança da casa, etc. Então, "segurança", por estar em uma posição alta na hierarquia de valores, acaba criando a motivação para investir em aspectos que gerem a sensação de segurança.

Além disso, a sociedade moderna se tornou especialista em criar novas necessidades o tempo todo. E, por meio de propagandas, ela praticamente condiciona a população, aliando o produto a uma necessidade básica. É comum ver cervejas e carros sendo apresentados em meio a mulheres bonitas e sensuais. A propaganda cria uma falsa ilusão de que, comprando o carro, por exemplo, você terá garotas bonitas à disposição. O fator motivador para a compra é a necessidade básica de sexo e o fator de satisfação é a mulher. O carro será o meio através do qual o comprador obterá sua recompensa.

Da mesma forma, as margarinas e os produtos relacionados ao lar são associados a crianças e imagens de uma família feliz. A ilusão criada é a de que, ao comprar determinada margarina, sua família será feliz. É como se a margarina carregasse a felicidade para dentro de sua casa. E por aí vai, é só olhar os comerciais para perceber que eles criam necessidades o tempo todo: essa é a base do consumo!

No mundo corporativo, programas de benefício também podem ser atrelados às necessidades dos funcionários. Por exemplo, programas baseados em premiação por desempenho podem ter como fator motivador a necessidade de status e reconhecimento social e como fator de satisfação o prêmio recebido. Para esse mesmo grupo de pessoas, os planos de carreira também funcionam como bons retentores de talentos. Assim, a empresa atende à necessidade do funcionário e o funcionário também atende à necessidade da empresa.

É claro que prêmios e reconhecimento não funcionam para todos os funcionários. Há pessoas que valorizam muito mais benefícios como plano de saúde e seguro de vida, porque têm maior necessidade de segurança.

Com tudo isso, você percebe que a motivação é algo muito pessoal e intransferível, pois cada ser humano terá um conjunto de necessidades que lhe é muito peculiar.

> Então, para funcionar, a motivação precisa de um "fator motivador", que nasce de uma necessidade, e um "fator de satisfação", que suprirá essa necessidade. A motivação é a energia empregada para satisfazer a necessidade.

4. E a automotivação, como funciona?

O processo motivacional ocorre de forma inconsciente. Nem sempre você tem consciência do que o motiva ou por que você faz algumas coisas e não outras.

Do ponto de vista psicológico, por exemplo, você nem sempre tem consciência da razão pela qual não consegue simplesmente sair de um relacionamento que está sendo negativo para você. O que o motiva a permanecer nele? Por que você sempre volta para a pessoa que lhe faz mal? Você mesmo pode dar outros exemplos de coisas que faz, mas não tem consciência plena do motivo pelo qual faz; você simplesmente faz.

A automotivação é a capacidade de utilizar a energia motivacional de forma consciente e em benefício próprio, e deixar de ser vítima de ciclos de autossabotagens como esses. A automotivação é uma das habilidades da Inteligência Emocional, que entende esse processo como sendo o reconhecimento e a canalização das energias das emoções para projetos construtivos. Raiva, medo, alegria, tristeza, etc., são energias que nos põem em movimento. Sem esse conhecimento, simplesmente gastamos energia de forma não produtiva e nos cansamos, sem realizar coisa alguma.

Automotivação, assim como qualquer outra habilidade, é aprendida e deve ser exercitada. Não é algo nato, é algo que se desenvolve. Para dominá-la, é necessário o autoconhecimento. Você precisa conhecer quais são as suas reais necessidades (fator motivador) para estipular suas metas (fator de satisfação). Ou seja, você precisa saber o que você quer para depois sair em busca. Tem gente que faz o contrário — não sabe o que quer e acaba atraindo justamente o que não quer.

5. Como saber se estou motivado?

A forma mais fácil de perceber se está ou não motivado é por meio das emoções e sensações. A motivação gera um estado de espírito muito parecido ao que você sente quando está alegre ou apaixonado.

O próximo exercício ensinará a identificar a sensação de estar motivado.

RECONHECENDO A SENSAÇÃO DA MOTIVAÇÃO

💡 Tente fazer esse exercício em algum lugar tranquilo, no qual não seja incomodado;

Princípios Básicos da Motivação

- Sente-se confortavelmente em uma cadeira ou no chão;

- Selecione mentalmente alguma situação ou objeto que você queira muito e que seja muito especial para você;

- Imagine os detalhes. Por exemplo, se você deseja comprar uma casa, imagine o tamanho, a cor, os móveis, o tipo de decoração, etc. Se você deseja sucesso profissional, imagine o seu local de trabalho, os móveis, a localização da empresa, etc. Imagine tudo nos mínimos detalhes;

- Feche os olhos e respire fundo, acalmando corpo e mente;

- Crie mentalmente o cenário do seu sonho (casa, premiação, promoção, etc.) e entre nele. Sinta como se estivesse dentro da casa dos seus sonhos ou como se já possuísse o seu cargo desejado (imagine a sua sala, as cadeiras, os objetos, etc);

- Aguce os sentidos. Sinta a temperatura do local, veja as cores bem vivas e reais, sinta a textura dos objetos, perceba se está sozinho ou se há outras pessoas nesse ambiente, etc;

- Aguce as emoções. Sinta como é bom ter conquistado o que você sempre desejou. Sinta a alegria crescer dentro de você. Sinta-se merecedor de tudo isso;

- Amplie as sensações e as emoções. Sinta-se mais e mais feliz. Como é a sensação de felicidade? Em que parte do seu corpo sua felicidade vibra mais?

- Mantenha as sensações e as emoções e volte a consciência para o momento presente;

- Esse estado de espírito de felicidade é o estado motivacional e, a partir de agora, servirá de referência para você.

Esse exercício lhe dá a referência interna (emocional) para reconhecer um estado motivacional. A motivação tem a ver com a alegria e a felicidade. Portanto, essa é a vibração que você precisa cultivar todos os dias.

6. Por que é tão difícil descobrir o que nos motiva?

Essa é uma das partes mais difíceis do processo. Difícil no sentido de que você deverá fazer uma separação entre os seus desejos reais e os desejos de seus pais, amigos, sociedade, etc., que são projetados em você. Para isso, o autoconhecimento se faz necessário.

Conheço um rapaz, filho de um grande médico, que, durante sua educação, recebia várias mensagens de seus pais dizendo que ele seria muito amado se fosse médico como o pai. O rapaz, que chamarei de Eduardo, entendeu, através dos elogios dos pais, que ele seria mais amado se escolhesse ser médico. Entretanto, ele gostava mesmo era de tocar e, quando pequeno, brincava de ser músico. Mas esse talento nunca fora incentivado em casa. Com o tempo, Eduardo deixou a música de lado e decidiu ser médico.

O problema de Eduardo é que ele tinha muita dificuldade em algumas matérias e, vira e mexe, se estressava com a faculdade. Por duas vezes, pensou seriamente em largar a medicina porque percebia que seus colegas tinham mais facilidade do que ele. Mas seus pais nunca deixaram. Eduardo, por fim, formou-se e é clínico geral até hoje. Entretanto, sente que não tem energia para crescer. Simplesmente não tem vontade de fazer outros cursos e especializações como seus colegas de trabalho. Conseguiu o básico, conveniou-se com alguns planos de saúde para aumentar o giro do consultório e o salário que tira por mês não é ruim, mas sabe que poderia ser muito melhor. Porém, falta-lhe ânimo para fazer mais do que já faz. Em seu apartamento, Eduardo possui o que para ele é uma grande relíquia: uma coleção de discos, livros, CDs e DVDs de bandas de rock, sua grande paixão.

Princípios Básicos da Motivação

O caso de Eduardo é clássico de alguém que pegou o plano de vida emprestado de outra pessoa. No caso, de seus pais. Eles projetaram seu futuro e Eduardo pegou para si mesmo. Mas aquele não era seu desejo real. Talvez sua motivação verdadeira estivesse na música, não na medicina.

É possível perceber que Eduardo despende um esforço extra para conseguir exercer a medicina. No entanto, quando o assunto é música, a coisa flui com facilidade. Isso ocorre porque a relação de Eduardo com a medicina não é direta, ou seja, não é um desejo dele, mas sim de seus pais. Sendo assim, o fator motivador é o desejo do amor dos pais; ele quer ser amado e não rejeitado. E o fator de satisfação não tem nada a ver com o trabalho, mas sim com a aceitação dos pais, que é manifestada por meio do orgulho e dos elogios que recebe. É o amor de seus pais o que ele realmente busca.

Fator Motivador
Necessidade de amor

Fator de Satisfação
Aceitação e amor dos pais

Dá para entender por que o trabalho em si não é motivador? O trabalho é apenas um meio através do qual ele recebe o amor dos pais. Não há outro elo entre Eduardo e o trabalho a não ser o amor de seus pais. Sendo assim, poderia ser qualquer outro tipo de trabalho. Seria diferente se Eduardo tivesse um sentido maior para realizar seu trabalho, como, por exemplo, sentir satisfação ao ajudar as pessoas no processo de cura.

Fator Motivador
Busca pela auto-realização

Fator de Satisfação
Ver a alegria dos pacientes curados

Nesse caso, sua motivação seria bem maior, pois o processo motivacional estaria diretamente ligado ao exercício do seu trabalho. Um dos sinais claros da motivação é o prazer e a alegria em realizar ações. Quanto mais prazerosa a atividade for para você, mais motivado você será.

Como pode perceber, descobrir o que o motiva não é uma tarefa fácil porque, desde pequeno, você é bombardeado por mensagens do que "deveria ser" e não do que realmente é. Não é incentivado a desenvolver seus próprios talentos. Ao contrário, é incentivado a imitar o talento do outro. Sempre há alguém que diz "olha, você tem que ser como fulano". Então, você aprende a ser tudo, menos você mesmo.

O fato de você sempre estar olhando para fora de si mesmo gera uma imensa falta de autoconhecimento. Da mesma forma que não conhece suas reais potencialidades, você também desconhece suas fragilidades. Como resultado, surge a insegurança ou a baixa autoconfiança. E você duvida de si mesmo.

A baixa autoconfiança em si mesmo faz com que você se posicione na vida tentando agradar aos outros. A pergunta que rege o comportamento é "como eu deveria ser ou agir para ser amado e admirado?". Ninguém deseja a rejeição e, muitas vezes, o medo da rejeição nos faz escolher caminhos que não são os da alma.

7. Como saber o que me motiva?

Como expliquei anteriormente, o processo motivacional é bastante subjetivo e pode enganar. Portanto, é preciso que você sempre revise suas metas e faça o exercício de visualização das metas, perguntando-se constantemente de quem são essas metas. Quanto mais significativas elas forem para você, maior será a sua motivação e, conforme sobreviverem ao tempo, você perceberá que mais autênticas elas serão.

Existe um exercício bem simples e prático que pode ajudá-lo a definir as metas motivacionais para a sua vida. Faça e reafirme-o todos os dias. Se for necessário, faça ajustes!

COMO DEFINIR METAS MOTIVACIONAIS

- Em um primeiro momento, você vai precisar apenas de papel e caneta;

- Reserve um tempo para estar sozinho em um ambiente tranquilo;

- Sente-se em uma cadeira em posição confortável;

- Calcule o tempo de vida útil (produtiva) que ainda tem e divida em curto, médio e longo prazo. Por exemplo, metas de longo prazo podem ser de dez, quinze ou vinte anos. Metas de médio prazo podem ser de dois ou cinco anos. Metas de curto prazo podem ser de um ano ou meses. Você definirá o tempo de cada uma. É importante delimitar o prazo. Além de forçar o compromisso consigo mesmo, diminui a possibilidade de procrastinar ("empurrar com a barriga") e nunca realizar seus sonhos;

- Lembre-se! No processo de definição de metas, atente para que elas sejam **honestas** (devem referir-se aos seus próprios desejos e não aos de outras pessoas) e **realistas** (significa conhecer os próprios potenciais para saber se está disposto a fazer o sacrifício necessário para alcançar seu sonho dentro de um prazo de tempo determinado);

- Faça uma análise geral de como está a sua vida agora. Você está satisfeito com ela? Agora projete o futuro: como você gostaria que sua vida estivesse daqui a dez anos, por exemplo? Em seguida, faça uma análise de cada aspecto da vida individualmente: profissional, financeiro, familiar, relacionamento amoroso, saúde física, social (amigos), espiritual, etc. Como você gostaria que cada área se apresentasse daqui a dez anos?

Princípios Básicos da Motivação

- Seja cuidadoso para escrever as metas com a maior precisão possível, principalmente metas financeiras. Por exemplo, se quiser comprar uma casa, você deve especificar o valor da casa. Se quiser fazer uma poupança e juntar um milhão de reais em dez anos, deve escrever isso no seu plano;

- No caso dos relacionamentos amorosos, se você já é casado ou está em um relacionamento estável, visualize a melhor possibilidade com a(o) sua(seu) parceira(o). Caso você esteja em busca do seu par, visualize (crie) a pessoa com quem você gostaria de se relacionar. Como é essa pessoa? Como ela faz você se sentir? O que você mais admira nela? Quais as qualidades? Quais os maiores defeitos?

- Faça o mesmo com as demais áreas da vida. Visualize e escreva;

- Uma vez estabelecidas as metas de longo prazo, pendure-as em algum lugar em que possa visualizá-las por, pelo menos, sete dias. Olhe todos os dias e faça as modificações necessárias. Acrescente e retire coisas que não estão de acordo com o seu plano;

- O objetivo maior de dar a pausa de uma semana não é para fazer somente os ajustes, mas principalmente para você perceber o seu estado emocional. Como você está se sentindo? Aquela sensação interna de motivação aparece quando você pensa em seus sonhos? Suas metas fazem você vibrar de alegria? Você realmente deseja tudo isso que escreveu? Caso não sinta a sensação de alegria, refaça as metas. Talvez você não esteja trabalhando com as suas metas, mas com as expectativas de outras pessoas;

> 💡 Uma vez definidas as metas, você fará um trabalho criativo com base nelas. Nosso cérebro só pensa por imagens; Por conta disso, você deve criar metas em forma de imagens. Pegue revistas, canetas hidrográficas, desenhe, enfim, use a imaginação e crie um cartaz com figuras que representem os seus sonhos. Cole o cartaz em um lugar especial que possa ser visualizado por você todos os dias.

8. Fiz os exercícios, mas fiquei em dúvida sobre duas metas muito distintas. Como posso tirar minha dúvida?

É comum ficar em dúvida sobre duas ou três opções porque, nos exercícios, pode ser que você tenha se sentido de forma muito parecida sobre elas. Isso significa que você já tem uma resposta do seu lado emocional. Emocionalmente falando, são coisas que você gosta. Para tomar a melhor decisão sobre o foco que irá escolher, você deve utilizar o seu lado racional, deve pensar na viabilidade dos seus projetos.

Pergunte-se:

- Olhe para sua meta financeira e observe qual das opções lhe dará as maiores chances de conseguir o que deseja. Qual é a mais lucrativa?
- Pense agora em suas competências. Esse seu projeto necessita que você utilize habilidades comerciais, de vendas, administrativas/financeiras ou alguma outra habilidade específica? Se sim, você já tem essas habilidades desenvolvidas? Quanto tempo será necessário para desenvolver essas habilidades? Qual projeto se beneficiaria mais das habilidades que você já possui?
- Pense em sua rede social. Qual projeto será mais beneficiado pelas pessoas que você conhece? Suporte social é importante, ele pode lhe apresentar pessoas e pode ajudá-lo com ideias e experiências;

- Pense na praticidade. Você já tem algo pronto ou teria que partir do zero? Qual projeto poderia ter um início mais rápido?
- Pense no conhecimento que tem sobre o mercado. Você conhece bem a área em que pretende atuar? Conhecer o mercado e suas características é importante para você se preparar para os desafios que virão à frente.

Questionamentos como esses poderão ajudá-lo a afunilar suas metas. Tenha paciência consigo mesmo. Quanto mais você refletir sobre suas metas, mais se conhecerá e melhor poderá decidir. Além disso, não se faz um projeto de vida em trinta minutos!

9. Como definir as metas de médio e curto prazo?

Os exercícios anteriores já lhe deram uma noção sobre qual direção seguir. Agora é hora de se preocupar com o planejamento das metas de médio e curto prazo. O segredo é ser prático sempre!

Pegue as suas metas motivacionais e trabalhe meta por meta.

Meta financeira: com base na sua meta financeira para dez anos (ou mais), trace metas de médio prazo. Por exemplo, se daqui a dez anos você deseja estar com X reais, quanto você deveria guardar em um ano?

Agora trabalhe no curto prazo com metas mensais. Faça uma revisão de como você gasta o seu dinheiro. É importante fazer uma planilha para registrar os gastos, como despesas da casa (água, luz, telefone, condomínio, etc.), vestuário, alimentação (restaurantes, supermercado, etc.), saúde (plano de saúde, remédios, etc.), presentes, cursos, transporte, etc. A planilha o ajudará a perceber quais despesas você pode cortar para atingir a sua meta com mais facilidade. Antes de pensar em gastar, lembre-se que você precisa poupar. Coloque o montante mensal de sua meta de curto prazo como uma conta que deve pagar. Você deve separar o dinheiro dos seus sonhos antes que eles caiam livres na conta corrente. Se não fizer isso, você acabará gastando de outra forma e poderá se frustrar por não conseguir guardar o dinheiro necessário.

Meta profissional: ensinarei um exercício de visualização que também o ajudará nos demais itens, mas você deverá realizar o exercício individualmente, ou seja, fazendo uma visualização para cada item.

- Sente-se confortavelmente em uma cadeira ou permaneça em pé;
- Imagine que está olhando para uma tela de projeção branca à sua frente;
- Imagine que o seu futuro profissional está sendo projetado na tela. Observe os detalhes, as cores, os sons, os objetos, as roupas, etc;
- Agora preste atenção em você mesmo projetado, trabalhando;
- Imagine que a sua imagem do futuro levanta-se, vem caminhando em sua direção e para olhando para você (que está fora da tela);

- 💡 Em um salto imaginário, imagine-se dentro da tela, frente a frente com a sua própria imagem do futuro. Olhe para você mesmo no futuro. O que mudou? Fisicamente pode até não ter mudado tanto, mas esse "eu do futuro" possui habilidades, competências, conhecimentos, etc., diferentes dos seus. Esse "eu do futuro" está mais desenvolvido do que você no presente. Pense: "o que ele teve que fazer para chegar onde está?", "quais cursos ele fez?", "que situações teve que enfrentar para se desenvolver melhor?";
- 💡 Observe pela última vez o seu "eu do futuro". Se quiser, peça-lhe um conselho. "O que devo fazer para chegar lá?";
- 💡 Quando obtiver as respostas, dê um passo para trás e saia da tela mental.

Reflita sobre a experiência. Escreva as respostas e reflita sobre elas. Esse exercício o ajudará a fazer o planejamento de médio e curto prazo das metas profissionais. Que competências você ainda precisa desenvolver? É necessário fazer algum curso específico? Se sim, quais? Pesquise, programe-se, junte dinheiro e dê o pontapé inicial no seu plano profissional.

Meta relacionamento amoroso: faça o mesmo exercício visualizando o futuro ideal do casal. Foque no seu comportamento. Como você está se comportando na imagem de futuro? Como você trata sua parceira ou parceiro? Pense em quais são os comportamentos que você tem hoje e que não cabem na imagem idealizada.

Uma questão importante no aspecto do relacionamento amoroso é que normalmente a pessoa começa a falar sobre o que a outra pessoa não faz ou faz de forma insatisfatória. O objetivo do exercício não é cobrar o outro nem fazer da vida do outro um inferno. O objetivo desse exercício é você fazer a análise do **seu** próprio comportamento e decidir o que **você** pode mudar.

Nesse momento, não importa o que o outro faz com você ou o que deixa de fazer para você. Você não tem controle sobre o comportamento do outro, apenas sobre o seu próprio comportamento. Portanto, faça o que estiver ao seu alcance. Dê feedbacks amorosos e desista dos sermões. Normalmente, as pessoas reagem positivamente ao nosso comportamento. Se somos gentis, elas respondem com gentileza. Se somos brutos, elas reagem com rudeza. Seja paciente, mude seus hábitos.

Caso você esteja em busca do parceiro ideal, trabalhe com a visualização. Ela ajudará a saber o que deseja de um(a) parceiro(a) e a reconhecê-lo(a) quando o(a) encontrar.

Meta familiar: deve ser tratada da mesma forma que o relacionamento amoroso. Sempre com o foco em seu próprio comportamento e evitando críticas aos comportamentos dos demais. Faça o que estiver ao seu alcance sem esperar nada em troca.

Meta saúde: olhe para a saúde que deseja ter no futuro e trace as metas de médio e curto prazo. Planeje os exercícios físicos e mudanças nos hábitos alimentares. Inicie aos poucos, mas procure fazer alguma mudança de imediato. Se estiver acima do peso, delimite o peso ideal e o prazo.

Meta espiritual: é importante incluir as metas espirituais, pois nelas residem as grandes virtudes. Quais virtudes você precisa desenvolver? Paciência, humildade, perseverança, disciplina, coragem? Uma forma interessante de aprender virtudes, citada no livro *Um curso em milagres*, de Helen Schucman e William Thetford, é ensinando. Pense: "se eu tivesse que ensinar paciência para alguém, como eu deveria agir?". Atente para o comportamento mais importante no momento e crie metas de curto prazo (diárias) para exercitar-se. Por exemplo, se você for uma pessoa procrastinadora, ou seja, que tem o hábito de "empurrar planos com a barriga", precisa urgentemente se livrar desse hábito para não ter os planos arruinados. Você precisa desenvolver a coragem, pois procrastina pelo medo de enfrentar a situação nova. Também

Princípios Básicos da Motivação

precisa desenvolver a perseverança, assim manterá o novo comportamento. Crie pequenas tarefas que precisem ser realizadas, escreva-as em uma agenda e realize-as. A realização de pequenas tarefas alimentará sua autoconfiança para alcançar metas maiores.

Meta social: amigos também somam uma parte importante da vida. Muitas pessoas não têm o hábito de cultivar boas amizades e se acomodam no conforto da vida a dois, como se apenas os dois "se bastassem". Já vi diversos casos em que o casamento não dá certo, ou o(a) parceiro(a) falece, e a pessoa se vê sozinha, sem amigos e sem vida social. Ninguém vive sozinho e não é saudável compartilhar ideias e momentos apenas com familiares. Amigos expandem a consciência, trazem novas experiências e também nos fazem crescer. Portanto, é saudável reservar momentos da vida para serem compartilhados com amigos. Também é importante fazer planos com amigos.

Qualquer que seja a meta estabelecida, tenha o cuidado de trabalhá-lo de forma objetiva e prática, ou seja, de forma que você possa ver a mudança, por mínima que seja, na sua vida. Mude comportamentos, tom de voz, gestos, palavras, etc. Treine suas ações e palavras porque elas são o resultado final dos seus pensamentos. Evite coisas subjetivas do tipo "ficarei aberta a mudanças", pois isso não traz ação nenhuma. É totalmente passivo. Crie metas mais objetivas, como "mudarei minha dieta no café da manhã" e decida o que irá comer. Ser mais objetivo o ajudará a tomar as rédeas da sua vida em suas mãos e a realizar ações de forma mais prática e rápida.

10. Uma vez definidas minhas metas, elas nunca mais mudarão? Como saber se fiz a escolha certa?

As metas motivacionais podem mudar ao longo do tempo, assim como nossos valores mudam. Porém, uma vez que você fez os exercícios e refletiu de forma mais profunda sobre suas metas, dificilmente elas mudarão para algo muito divergente do que foi escolhido. Só se algum acontecimento muito sério causar mudanças profundas, aí sim poderá haver mudanças drásticas.

Se você levar em consideração o seu tempo de vida, verá que a definição de metas é algo importante e muito sério. Para a realização de qualquer meta, você dispõe de tempo, que é o seu bem mais precioso. Desperdiçar tempo com metas fúteis ou voláteis demais é jogar o tempo de vida fora. Isso normalmente ocorre com pessoas que não sabem o que querem ou querem coisas demais. Na ânsia por ganhar dinheiro ou ter sucesso a qualquer custo, escolhem metas que nada tem a ver com suas habilidades e conhecimentos, simplesmente porque viram outras pessoas obterem sucesso nesta ou naquela área. Investem o que têm e o que não têm e, ao primeiro sinal de dificuldade, desistem do plano para logo iludirem-se com outros.

Essas pessoas se iludem o tempo todo. Não percebem que, ao quererem tudo, acabam sem nada. Uma das coisas mais importantes no processo de realização das metas é a capacidade de fazer escolhas. Uma vez que você planejou dar um passo para a frente, não é possível dar passos para o lado ao mesmo tempo. Ou vai para a frente ou vai para o lado. Uma vez que decidiu ir para a frente, você abriu mão de tomar qualquer outra direção e jamais saberá como seria se você tivesse ido para o lado.

Portanto, não é algo terrível mudar a direção da vida ou mudar as metas motivacionais. Você tem livre-arbítrio e pode mudar qualquer aspecto da sua vida na hora em que bem entender. Contudo, é importante que tenha consciência de por que ou para quê mudar e para onde ir. Já vi casos de pessoas que trabalharam a vida inteira em causas que não eram suas, até que, de repente e de forma inexplicável, tomaram um rumo totalmente divergente em suas vidas e foram tidas como loucas. Entretanto, na verdade, elas ouviram o "chamado" de suas almas, de suas consciências. Não cabe a nenhum de nós julgar a vida do outro, até porque não temos esse direito. Por isso, o foco deve ser sempre em nossas vidas. É a nossa vida que importa, é por ela que somos responsáveis.

II. Qual é a vantagem de estipular metas com tantos detalhes e cuidados?

Muitas pessoas acabam atraindo justamente o que não querem porque não conhecem as regras da mente. Mandar mensagens da forma correta para a mente potencializa o poder de realização. Além disso, conhecer o funcionamento da mente lhe permite sair definitivamente do papel de vítima, passar a ser criador de sua própria realidade e conduzir sua vida para onde você deseja. Além disso, ao ter em mente exatamente aquilo que você deseja, você passa a identificar rapidamente as oportunidades que surgem no seu caminho.

Você deve ter percebido que os exercícios ensinados são bastante visuais e vivenciais. São assim realizados porque obedecem a algumas **regras da mente**.

Em primeiro lugar, nossa mente só **pensa por imagem**. Se eu digo a você que há uma pessoa vestida de branco do outro lado da porta, sua mente criará uma imagem qualquer de uma pessoa vestida de branco, concorda? Não aparecerá letreiros na sua mente. Apenas figuras. É por essa razão que, quando desejamos algo, precisamos pensar em forma de imagem. Devemos visualizar exatamente o que queremos. Existe outra razão, no nível energético, cujas explicações não cabem neste livro, mas que esclarece a necessidade de construirmos uma boa imagem mental para que esta possa "ganhar corpo" por meio das emoções (processo motivacional) até a completa materialização. Dizem que não utilizamos mais que 10% da capacidade do nosso cérebro. Isso é verdade e acontece porque desconhecemos suas leis.

Outra regra da mente é que nossa **mente não entende a palavra "não"**. Portanto, toda meta deve ser pensada de forma positiva.

Se você tem filhos ou já tomou conta de alguma criança, deve ter percebido que, quando você dizia "não suba na mesa", a criança simplesmente ignorava seu aviso e subia onde não podia. Isso ocorre porque nossa mente não entende o "não". A mente retira o "não" e fica o restante, "suba na mesa".

Uma dica para os pais é evitar frases que se iniciam com não. No caso da criança, o melhor é chamar a atenção dela para outro foco e dizer "nossa, venha ver o que tenho aqui...", de forma que ela desista de subir na mesa.

Muitas pessoas, por desconhecimento dessa regra da mente, criam metas do tipo "não posso gastar dinheiro". A mente retira o "não" e fica o resto, "posso gastar dinheiro". Outras ainda dizem "não posso ficar doente", "não quero ficar pobre", "não quero dívidas".

Seguindo o raciocínio da primeira regra da mente (pensar por imagem), quando você afirma "não posso ficar doente", a imagem mental que se forma é exatamente de você doente. Ou, quando diz "não quero dívidas", você cria a imagem de si mesmo com dívidas.

O medo de ficar sem dinheiro acaba criando padrões de comportamento que são verdadeiros paradoxos. Pessoas que têm muito medo de ficarem pobres tornam-se avarentas e acabam justamente vivendo de forma miserável. Conheço pessoas que têm muito dinheiro guardado, mas insistem em viver sem um mínimo de conforto, usam sapatos surrados, têm carros velhos que quebram o tempo todo, sentem-se felizes quando obtêm qualquer tipo de vantagem financeira e privam-se do mínimo conforto que o dinheiro pode dar. O espírito pobre determina as escolhas e ações. Costumo dizer que a pobreza não é a falta de dinheiro, mas sim um estado de espírito. São pessoas que, mesmo tendo dinheiro, não conseguem gastar esse dinheiro consigo mesmas ou com os outros e vivem na falta. Tudo isso apenas para ver o dinheiro aumentar no banco. Não quero dizer com isso que devemos gastar tudo o que temos, pois isso não é aconselhável nem saudável, mas a avareza também não é nada positiva. Dinheiro é energia, assim como a energia das emoções e da motivação. Entretanto, se não tivermos sabedoria para lidar com essas energias, elas podem trabalhar contra nós mesmos.

> Pobreza não é a falta de dinheiro, mas sim um estado de espírito.

Você já deve ter percebido que, quanto mais você pensa em alguma coisa, mais forte ela fica, pois é alimentada pela força do pensamento. Nos exercícios anteriores, pedi para que você lançasse seu pensamento para daqui a dez ou quinze anos e pensasse no resultado final, em como você gostaria que sua vida estivesse naquele momento. Fiz isso para que você conseguisse definir a sua meta final. É assim que se dá o comando correto para a mente. Portanto, se você deseja saúde, pense "sou saudável"; se deseja dinheiro, pense "sou próspero"; e se deseja sucesso, pense "sou vencedor".

Uma regra da concretização de metas diz que apenas pensar corretamente não é suficiente para que desejos se tornem realidade. É preciso que haja emoção. As energias das emoções são poderosas no processo de realização. É por isso que, ao pensar na meta desejada, você deve sentir a vibração (emoção) positiva em si mesmo. Quanto mais forte for essa sensação, maior será a sua motivação e a sua capacidade de realização.

A capacidade de realização deve somar três fatores. Se faltar algo, nada funcionará. São eles:

Princípios Básicos da Motivação

| Energia do Pensamento | + | Energia da Emoção | + | Energia Física |

A energia mental determinará o alvo: para onde você vai. A energia emocional enche o corpo físico de disposição, otimismo e energia para a realização. A energia física é o que chamamos de "mão na massa", que seria as ações realizadas para o alcance dos objetivos. Ou seja, ela molda o produto final.

12. É possível que a automotivação ocorra simplesmente ao observar uma pessoa motivada, como um amigo que está sempre alegre e incansável em busca de seus objetivos?

O que ocorre entre você e seu amigo é que ele desperta em você a vontade de sentir a alegria que ele sente. A motivação é um estado de espírito muito positivo, que nos põe "para cima" e nos deixa otimistas em relação à vida, e todos nós desejamos essa sensação de alguma forma. Quando vemos uma pessoa motivada, ela nos inspira a buscar dentro de nós mesmos essa razão para viver de forma alegre e prazerosa. Quem não gostaria de viver feliz todos os dias? Sentir-se forte e otimista mesmo diante das dificuldades? Superar desafios com garra e disposição?

Pessoas automotivadas lembram as demais pessoas que viver feliz, mesmo em meio a um mundo de caos, é possível. Lembram-nos que existe uma força dentro de nós que é maior que nós mesmos e que resgatar essa força nos faz ultrapassar qualquer limitação. Lembram-nos que a vida é muito mais do que apenas ganhar dinheiro a fim de pagar contas.

Pessoas automotivadas são pessoas que têm esperança na vida, têm fé e, portanto, têm confiança na vida e em si mesmas. Essa força motriz faz com que essas pessoas se superem o tempo todo.

Estar em companhia de pessoas automotivadas pode fazer com que sua inspiração apareça, mas se você não for capaz de desenvolver sua própria automotivação, criar suas metas motivacionais, etc., essa sensação positiva desaparecerá tão logo essa pessoa se afaste de você. A tendência é você voltar ao seu mundo particular, com seus problemas e seus vícios de pensamento e comportamento.

13. Há pessoas que nascem com mais facilidade para se automotivarem do que outras?

Todos nós temos o mesmo potencial para nos automotivar, mas nem todos desenvolvem esse potencial a ponto de virar uma competência. A automotivação é uma habilidade que, como qualquer outra, deve ser exercitada para ser desenvolvida. Algumas pessoas percebem desde cedo que essa energia existe e aprendem a lidar com ela.

Sabemos que o processo motivacional é inconsciente, ou seja, não ficamos pensando no funcionamento do processo o tempo todo. Entretanto, pessoas que têm o hábito de se auto-observar logo descobrem como essa energia funciona e, por meio de tentativas e erros, vão dominando a habilidade até se tornarem especialistas no assunto.

Os pais podem ajudar os filhos a desenvolverem esse potencial, mas só serão bons professores quando eles mesmos tiverem passado por essa experiência. Os momentos cruciais da motivação ocorrem justamente quando tendemos a perdê-la. É esse o ponto-chave. Enquanto estamos empolgados com uma nova ideia, tudo flui e é sentido como fácil. Mas quando começamos a enfrentar as dificuldades da vida, aí é que entram as demais virtudes, como a perseverança, a disciplina, a paciência, a humildade, a coragem, etc.

Os pais podem ensinar as crianças a sonharem e buscarem seus objetivos. Podem começar por algo pequeno e simples. É importante que as crianças aprendam que podem transformar em realidade aquilo que desejam. Os pais devem incentivar que usem a imaginação, mas que também tenham perseverança para alcançar resultados. A educação financeira em tenra idade pode ajudar nesse processo.

Compartilharei uma experiência pessoal. Eu costumo educar meu filho de quatro anos a sonhar e realizar. Funciona da seguinte forma: ele determina um sonho, por exemplo, adquirir um brinquedo. Vamos à loja, ele observa os brinquedos e escolhe o que mais gostou. Feita a escolha, nós fotografamos o brinquedo com seu preço. Depois voltamos para casa, eu imprimo a imagem do brinquedo, colamos no armário dele e passamos para a fase seguinte. Durante alguns meses, vamos juntando dinheiro em seu cofrinho. Cada vez que coloca o dinheiro no cofre, ele vê a imagem do brinquedo no armário.

Como ele é bombardeado por propagandas na televisão, vez ou outra me pede diversos brinquedos diferentes. Eu sempre questiono se ele deseja trocar o sonho final, pois o dinheiro não dará para comprar os dois. Ele pensa e decide manter o sonho. Nunca aconteceu de querer trocar. Depois de alguns meses, já com a quantia suficiente, retiramos o dinheiro do cofre. Ele coloca em sua carteira e vamos para a loja de brinquedos. Lá, ele vai direto para a prateleira buscar o brinquedo (meta), vai sozinho até o caixa e paga o brinquedo. Aproveitamos que já estamos na loja para determinar o próximo brinquedo e tirar uma foto. E assim vamos fazendo.

Esse processo ajuda a criança a fazer escolhas, a pensar sobre elas e a exercitar virtudes como disciplina, perseverança, paciência, etc. No entanto, o mais importante é que as coloca em uma posição de controle sobre seus sonhos. Elas aprendem que podem sonhar e que esses sonhos podem ser realizados através de esforços próprios. Isso aumenta o poder de controle da criança sobre o ambiente, a confiança em si mesma e, consequentemente, sua autoestima, porque é inevitável o sentimento de orgulho próprio ao realizar um desejo que foi trabalhado com afinco durante um determinado prazo.

14. Por que perdemos a motivação?

A grande armadilha da perda da motivação é a falta de foco, que pode ocorrer de várias formas, mas selecionei as três mais evidentes: falta de consciência, foco nos problemas e o papel de vítima.

Falta de consciência: para que o processo motivacional aconteça, é necessário que você tenha consciência do que quer. Também é importante que esteja focado nos objetivos que são essenciais para você. Esse processo faz com que você mande mensagens constantes ao seu subconsciente de forma que, em um determinado momento, ele comece a trabalhar a seu favor, ou seja, também enviando mensagens para sua mente consciente. Assim, um alimenta o outro e trabalham para o mesmo objetivo. Quando esse sincronismo não existe, ou quando a pessoa não tem consciência

Negatividade e Motivação

de sua vontade ou não tem vontade firme, qualquer outro objetivo pode se tornar facilmente alvo da vontade.

Basta ligar o rádio, a televisão, o computador e o celular para vermos que, a cada minuto, somos bombardeados por anúncios de novos produtos. Novos desejos e necessidades são criados a cada instante e se transformam em novas metas. Metas demais enfraquecem o espírito da vontade.

A pessoa que não tem autoconsciência o bastante para perceber que está desviando do foco rapidamente se distrairá de sua meta principal e deixará de alimentar sua motivação, até o ponto de nem se lembrar que tinha um objetivo.

Lembre-se: Motivação é uma habilidade que deve ser exercitada! É um trabalho ativo, não passivo. Sua mente comanda o corpo e não o contrário.

Foco nos problemas: por exemplo, toda vez que você inicia uma atividade nova ou está em um emprego novo, a tendência é que você comece o trabalho bastante motivado, animado e esperançoso. Entretanto, passados alguns meses, sua motivação para o trabalho já não é mais a mesma e a tendência é que você se sinta menos motivado.

Se fizer uma análise mais apurada sobre os tipos de pensamento que você tinha logo no início do trabalho e algum tempo depois e compará-los, perceberá uma grande diferença. Veja o quadro abaixo:

Pensamentos no início do trabalho	Pensamentos depois de meses ou anos no trabalho
• Que bacana, estou feliz com os desafios, aprenderei bastante aqui!	• Descobri vários podres do pessoal aqui... não dá para confiar em todo mundo.
• As pessoas aqui são bacanas, o clima é bem legal!	• Ai, não suporto esse cara do departamento ao lado, ele vive fazendo piadinhas e comentários desagradáveis.
• Eu mostrarei a todos o meu valor, vou me esforçar para bater essas metas.	
• Estou tão feliz com esse trabalho que o dia passa e eu nem sinto! Estou muito envolvido e aprendendo muito!	• Nossa, pego um trânsito tão pesado para chegar ao trabalho, que mal cheguei e já me sinto cansado.
	• O povo aqui só faz corpo mole, eu deveria ganhar mais para fazer o que faço.
• Hoje estou satisfeito comigo, tive um dia bastante produtivo, fiz bastante coisa!	

No quadro da esquerda, podemos perceber a energia, o prazer e o envolvimento com o novo emprego. O foco está no trabalho, nos desafios, no aprendizado, nas metas e no crescimento. Isso é motivação para o trabalho.

Já no quadro da direita é possível perceber que o foco principal deixou de ser o trabalho e passou a ser "o cara do departamento ao lado", "os podres do pessoal da empresa", "o trânsito carregado" e "o corpo mole das pessoas". A atenção deixou de ser dada para o trabalho e passou a servir as questões negativas.

Nós alimentamos nossos sonhos e nossa motivação através dos pensamentos. Quanto mais pensamos em nossos sonhos, mais fortes eles se tornam. A mesma coisa se dá com os problemas: quanto mais você pensa neles, mais fortes eles se tornarão.

Esse movimento da mente tem um impacto muito importante em nossa psique, pois passamos a acreditar no que pensamos. Se você alimenta os seus problemas todos os dias, eles se tornam muito maiores que você, chegando ao ponto de fazê-lo acreditar que não tem condições de solucioná-los.

Costumo comparar os sonhos e os problemas a dois cachorros, um cachorro chamado Sonho e outro chamado Problema. Você alimenta os cachorros com os seus pensamentos, de forma que aquele no qual você pensar mais receberá mais alimento, crescerá e ficará forte, enquanto o outro definhará até a morte. Faça uma análise da sua vida nesse momento e coloque em um dos lados de uma balança imaginária quanto tempo do seu dia você pensa nos seus sonhos e nas coisas que você deseja e lhe fazem bem. Do outro lado da balança, coloque quanto tempo do seu dia você passa pensando nos seus problemas, nas suas dívidas e nas suas preocupações. Assim você verá qual dos cachorros está alimentando mais.

Voltando ao exemplo do quadro, motivação tem a ver com as escolhas que nossa mente faz. Se escolhermos olhar para nossos sonhos e metas futuras e se o que desejamos nos faz bem e felizes, então nos sentiremos felizes. O oposto também é verdadeiro. Se escolhermos olhar para o que nos chateia e alimentarmos isso pensando, remoendo e comentando com colegas, então é assim que nos sentiremos. Lembrando que a motivação é identificada pelo estado de espírito positivo e feliz, logo, ao mergulhar em problemas, a felicidade estará bem distante.

Papel de vítima: é a terceira forma mais evidente das armadilhas da falta de motivação. O problema do papel de vítima ocorre quando a pessoa entrega o seu poder pessoal a alguma outra situação ou pessoa.

Poder pessoal engloba a autoestima, a autoconfiança, o respeito próprio e a fé. Ao contrário da pessoa automotivada, que detém as rédeas de sua vida nas próprias mãos e tem a sensação interna de controle sobre as circunstâncias da vida, a pessoa no papel de vítima sente-se à mercê das situações e das vontades de outras pessoas.

A falta de poder pessoal diminui a autoestima e essas pessoas geralmente sentem-se mais azaradas do que as outras, ou acham que há algo de errado com elas e chegam até a sentirem pena de si mesmas em determinadas situações. A sensação de baixo poder de mudança na vida faz com que elas se sintam pequenas diante dos problemas e coloquem o poder de mudança nas mãos de outras pessoas. Isso acaba gerando outro problema: ao colocar o poder nas mãos de outros, a responsabilidade também vai junto. Então, é comum que as pessoas identificadas com a vítima coloquem a culpa em outras pessoas por situações negativas de suas vidas.

Assim, a vítima se especializa em buscar justificativas para o motivo de não realizar suas ações. As desculpas estão sempre na ponta da língua. Não inicia projetos porque não tem dinheiro suficiente, não começa um regime porque não dá tempo para comer fracionado ou porque é ruim transportar alimentos saudáveis como frutas, não faz exercício físico porque não tem tempo, não realiza mudanças positivas no trabalho porque as pessoas não ajudam e por aí vai.

Ao colocar o poder da mudança nas mãos de outras pessoas ou de circunstâncias da vida, a vítima se tranca em uma prisão psicológica da qual só conseguirá sair por meio da própria consciência, ou seja, quando ela mesma assumir as responsabilidades por suas escolhas e acreditar que pode mudar o rumo de sua vida na hora em que bem entender.

15. Conheço pessoas que se encaixam no perfil da vítima e gostariam de mudar, mas não conseguem. Tampouco conseguem se automotivar. Por que isso acontece?

A realização de qualquer atividade, trabalho, projeto e meta exige energia. Uma pessoa motivada está repleta de energia dentro do seu corpo e também possui uma carga extra para a realização de ações extras (trabalho, projetos, etc). Criamos atividade (criatividade) apenas se tivermos energia para empregar. Essa energia criadora é muito parecida com a sensação de felicidade, amor e motivação.

Uma pessoa triste, abatida, frustrada, chateada e magoada não está em um estado considerado bom, energeticamente falando. As emoções negativas nos fazem vibrar de forma rebaixada, ou seja, com menos energia. É por isso que ficamos amuados, nos isolamos das pessoas e, se pudéssemos, ficaríamos deitados na cama o dia todo. É como se a nossa produção de energia ficasse tão baixa que somente ela não fosse capaz de sustentar nosso próprio corpo, que dirá realizar trabalhos e assumir novos projetos.

Pessoas com o perfil de vítima estão justamente com essa baixa de energia. A pessoa não tem energia nem para se manter bem, quanto mais para mudar alguma coisa. A energia positiva interna é manifestada por meio da autoestima, que envolve, além do amor-próprio, o respeito a si mesmo e a autoconfiança. A automotivação não pode ser conquistada sem a autoestima, pois para que a pessoa se automotive para conquistar algo, ela precisa, antes de tudo, acreditar que tem condições para isso. Sem ter confiança em si mesma, ela se autossabotará.

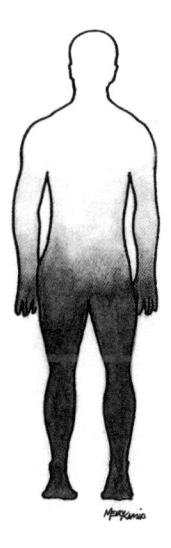

Por desconhecer o próprio mecanismo, a pessoa identificada com a vítima sabota a si mesma e acaba responsabilizando as situações ou outras pessoas por escolhas que ela mesma fez. A pessoa é incapaz de perceber que ela mesma realizou o próprio fracasso.

A autossabotagem ocorre quando você deseja algo, mas inconscientemente não se sente capaz ou tem dúvidas de que realmente poderá cumprir o que determinou. Nesse caso, existe uma incoerência entre o desejo consciente e a crença inconsciente. Por exemplo, você declara conscientemente que deseja emagrecer dez quilos porque quer se cuidar, se sentir mais bonito e mais atraente para a(o) parceira(o). Entretanto, sua mente inconsciente possui uma crença de que você não é uma pessoa que valha a pena ser amada e, por mais esforço que faça, ninguém irá amá-lo(a) verdadeiramente. Essa incoerência de mensagens na mente ("desejo ser amado" e "ninguém me amará") gera ansiedade, que você acaba descontando na comida. Resultado: você engorda ainda mais.

O problema é que cada meta declarada e não cumprida é sentida como um fracasso, minando a autoconfiança. Você começa a duvidar ainda mais de sua própria capacidade nos próximos projetos, até chegar ao ponto em que o medo do fracasso paralisa seus projetos e você não consegue seguir com sua vida da forma como gostaria.

Quando o medo e a insegurança imperam, as portas do pessimismo abrem-se e a sensação de poder pessoal desaparece. É quando você se sente fraco perante as circunstâncias. Essa sensação de pequenez diante da vida faz com que você se sinta vítima das situações.

A sensação de impotência gera raiva e você passa a alimentar o rancor. Fica com raiva das pessoas porque sente que elas deveriam ajudá-lo, mas elas não ajudam. A sensação de impotência e frustração, por sua vez, gera uma visão distorcida da realidade, aumentando o egocentrismo negativo, o qual faz com que você sinta que suas necessidades são maiores do que as de outras pessoas. O próximo passo é sentir pena de si mesmo e acreditar que realmente é um ser inferior aos outros. Passa a somar os fatos do passado, convencendo-se de que é um fracassado e de que não tem o direito de ser feliz. De tanto alimentar essa crença, ela passa a agir no inconsciente e você passa a fazer escolhas baseadas nela. Ou seja, faz escolhas baseadas nas crenças negativas.

Se você estiver funcionando dentro desse ciclo de autossabotagem, certamente terá maior dificuldade em manter-se motivado, pois um dos motores da automotivação (autoestima) está prejudicado. Nesse caso, é preciso desenvolver o amor, o respeito e a confiança em si mesmo para que você possa aplicar essa energia em seus projetos. Se você não acredita em si mesmo, não acreditará que pode realizar algo.

O autoconhecimento é imprescindível para que o restante do processo evolua e a psicoterapia é um dos caminhos mais curtos e rápidos para isso. Entretanto, algumas pessoas são muito resisten-

Negatividade e Motivação

tes a fazer psicoterapia por acharem que é "coisa de louco" ou que não vale a pena. Devo esclarecer que a psicoterapia é benéfica para todos os tipos de pessoas que desejam se libertar de amarras psicológicas e de crenças inconscientes e negativas que não permitem o crescimento e que desejam se desenvolver sem limites. É um imenso engano pensar que a psicoterapia só serve para doentes mentais ou para pessoas fracas. Devo enfatizar que até mesmo os psicoterapeutas devem passar por sessões de análise, pela simples razão de que todos nós temos "pontos cegos", ou seja, questões psicológicas que são invisíveis para quem está envolvido no processo. É por isso que necessitamos do ponto de vista de uma pessoa especializada, para que ela nos mostre como a nossa psique está funcionando. É quase impossível realizar esse processo de forma solitária, pois você estaria sujeito ao engano o tempo todo. Além disso, comparo o processo de psicoterapia com a chegada a um destino de carro. Sozinho, seria como chegar no destino a pé e ainda teria o risco de errar o caminho.

Porém, caso você não tenha condições de iniciar uma psicoterapia nesse momento e tenha percebido que sua autoestima e sua energia não estão em um bom nível, existem alguns exercícios que podem ajudá-lo. O próximo exercício, apesar de não substituir uma boa terapia, ajudará a aumentar o autoconhecimento e a autoestima e estimulará a energia motivacional, que é muito parecida com a energia do amor e da alegria.

Pessoas que não conseguem sentir gratidão raramente serão felizes e, portanto, terão muita dificuldade em se manterem motivadas, uma vez que a energia da motivação é parecida com o estado de espírito da felicidade e do amor. Desenvolver esse estado de espírito ajuda o corpo a recuperar a energia necessária para ser aplicada no trabalho. Quanto mais se abastecer dessa energia, mais cheio de vida e confiança você se sentirá.

No entanto, existe uma diferença entre agradecimento e gratidão. O agradecimento está relacionado à palavra. Nem sempre sentimos gratidão quando agradecemos o porteiro do prédio, o manobrista ou qualquer outra pessoa que nos sirva de alguma forma. A palavra "obrigado" sai da boca, mas não é acompanhada do sentimento. Gratidão é o sentimento em si e é ele que deve ser exercitado nessa atividade.

Faça um teste. Pense em alguém que você gosta muito (pai, mãe, irmão, filho, amigo, etc). Agora feche os olhos e pense com mais clareza na pessoa. Pense no quanto essa pessoa o faz feliz pela simples existência dela em sua vida. Sinta a sensação da gratidão crescendo em seu coração e agradeça dizendo obrigado. Perceba a grande diferença entre palavra e sentimento. Nesse exercício, é imprescindível que venham juntos.

EXERCÍCIO DA GRATIDÃO

- Pegue um papel e uma caneta;
- Numere a folha de 1 a 10;
- Escreva 3 partes do seu corpo que você gosta;
- Escreva 3 coisas que você possui em sua vida e das quais gosta (pode ser carro, pessoas, objetos, etc);
- Escreva 4 qualidades que você possui e das quais se orgulha;
- Com a lista em mãos, você agradecerá a item por item, conforme o exemplo acima;
- Agradeça às partes do corpo ("obrigado (...) por fazer parte do meu corpo, por ser bonito e por me fazer feliz");
- Agradeça às coisas ou pessoas que você possui na vida e das quais gosta ("obrigado (...) por fazer parte da minha vida e por me fazer feliz");
- Agradeça às suas qualidades ("obrigado por eu ser uma pessoa (...) e por essa qualidade me fazer feliz e orgulhoso de mim mesmo").

Ao terminar o exercício, você perceberá que a sua vibração está diferente. Você sentirá mais paz, serenidade, felicidade e amor. A gratidão lhe dará mais energia e paciência para enfrentar as situações da vida.

Para que seja efetivo, esse exercício deve ser feito todos os dias, de preferência na parte da manhã. Pode ser feito, inclusive, no caminho para o trabalho.

O exercício também ajuda a pessoa a se conhecer melhor e a valorizar aspectos positivos. Normalmente, estados de espírito rebaixados trazem à tona aspectos negativos da personalidade. Pensar nos aspectos negativos do corpo, da personalidade e da vida apenas alimentam emoções negativas como a tristeza, a angústia, a melancolia, etc. Além disso, a frequência do exercício ensina o seu corpo a vibrar de forma correta e positiva e você aprende a ter mais controle sobre os aspectos emocionais por meio do pensamento correto.

16. Além das crenças negativas e inconscientes que se encontram por trás do ciclo da autossabotagem, existem outros tipos de crenças? Como elas surgem e como funcionam?

Muitas crenças surgem na infância. Herdamos muitas crenças de nossas famílias e da sociedade, mas também formamos nossas próprias crenças de acordo com a forma como experimentamos as situações da vida. Aspectos considerados negativos tendem a formar crenças negativas.

Para o inconsciente, não existe "tempo". Isso significa que, ao ser relembrada, uma experiência vivida como muito negativa trará à tona toda a emoção vivenciada em épocas passadas. As crenças deixam marcas negativas dependendo da forma como foram vivenciadas. As situações não precisam ser consideradas graves pela sociedade para que deixem marcas na psique humana, basta que sejam vivenciadas como sendo graves pela pessoa que passou por elas.

Por exemplo, uma situação em que uma criança é repreendida em público na escola, que é algo normal, pode ser vivenciada pela criança de forma negativa e traumática, transformando-se, assim, na crença de que ela é inferior às outras crianças, inclusive intelectualmente. Se a tendência da criança é a de enxergar por esse prisma, ela começará a interpretar qualquer outra situação pelo ângulo da inferioridade. Mais tarde, o episódio da escola pode até ser esquecido, ficando apenas a crença inconsciente e a sensação de inferioridade intelectual, o que gerará insegurança nesse aspecto da vida. Mesmo na vida adulta, qualquer situação que lembre o momento da exposição de sua inferioridade intelectual perante outros fará com que a pessoa reaja até mesmo de forma exagerada e inexplicável para os demais.

O que quero dizer com o exemplo acima é que não temos controle sobre o que se tornará um trauma ou não para a criança, isso depende de uma série de fatores. Enfatizo para que os pais não se tornem neuróticos, protegendo seus filhos de qualquer trauma ou coisa parecida.

Com relação aos tipos de crença, elas podem ser positivas ou negativas, conscientes ou inconscientes. Entretanto, todas possuem forte influência sobre o comportamento.

Exemplos de crenças:

- **Consciente e positiva**: "Posso aprender o que eu quiser";
- **Consciente e negativa**: "Não consigo fazer regime";
- **Inconsciente e positiva**: surge em forma de sentimento ou sensação e traduz-se, por exemplo, na afirmativa "confio em minha determinação e capacidade";
- **Inconsciente e negativa**: também surge em forma de sentimento e/ou sensação corpórea. Por exemplo: "por mais que me esforce, nunca serei bom(a) nisso".

Negatividade e Motivação

Outro exemplo de crença consciente é a **superstição**. Há pessoas que acreditam que não devem passar debaixo da escada, pois assim terão azar. É uma crença consciente, já que a pessoa consegue justificar por que se comporta desse jeito. O grande problema são as crenças errôneas e inconscientes. Elas paralisam o crescimento e causam autossabotagem e, por não conhecer a crença limitante, a pessoa não sabe lidar com ela nem explicar determinados comportamentos.

As prisões das crenças limitantes nos fazem sentir como Sísifo, um personagem da mitologia grega que fora condenado pelos deuses a realizar um trabalho inútil e sem esperança por toda a eternidade: empurrar, sem descanso, uma enorme pedra até o alto da montanha, de onde deveria soltá-la para começar tudo novamente. É a sensação de lutar, lutar e lutar, mas não sair do lugar e nunca alcançar o sucesso.

Crenças inconscientes e negativas são verdadeiras armadilhas da automotivação e estão por trás do comportamento de vítima. Essas crenças nos ajudam a entender porque, em algumas situações, acabamos atraindo justamente o que não queremos.

Crenças inconscientes sabotam a **felicidade no amor**. Vamos pegar o exemplo de uma mulher que tem como crença inconsciente a afirmação de que "não pode ser feliz no amor" ou de que "todos os homens são cafajestes". Mas, conscientemente, ela está à procura de um homem bacana para se relacionar. Entretanto, sua crença inconsciente é tão forte que, de forma inconsciente, faz com que ela acabe escolhendo um homem que não a ama o suficiente, um homem que não a trata com respeito, que a trai, etc. Dentre uma infinidade de homens, ela escolhe exatamente o que não quer, porque o foco do inconsciente está justamente no que ela não quer. O inconsciente entende o pensamento fixo (crença) como a meta a ser atingida. Então, quando ela se cansa de ser maltratada, abandona a relação (se ainda tiver preservado um pouco da autoestima), ou é abandonada, e lamenta-se com suas colegas, "vocês viram como eu tinha razão? Todos os homens são cafajestes... Eu sabia desde o começo, nenhum presta".

Essa mulher precisará de apenas dois ou três relacionamentos fracassados para ter a certeza de que todos os homens realmente são cafajestes. Se sentirá frustrada, impotente e rancorosa em relação aos homens. Além disso, não entenderá como ou por quê suas amigas são mais sortudas do que ela.

Crenças inconscientes também podem sabotar o **sucesso financeiro**. Algumas pessoas não conseguem guardar dinheiro, ganhar bem ou serem bem-sucedidas financeiramente porque possuem crenças que giram em torno de afirmações como "dinheiro não traz felicidade", "dinheiro é sujo", "onde há dinheiro, há desavenças", "dinheiro só traz desgraça", "todo rico é metido e falso", "todo rico é ladrão", etc.

A pessoa associa o dinheiro a coisas negativas e, como não quer ter nenhuma desgraça na vida ou ser rejeitado por ser metido, falso ou tachado de ladrão, prefere não ter o dinheiro. Inconscientemente, se sabota e todo o dinheiro que ganha é gasto de forma banal, não de forma a gerar mais riqueza. Mal recebe o salário e já está gastando. Não há o contato com o dinheiro e nem a valorização do mesmo. Há, ao contrário, uma necessidade de se livrar dele o mais rápido possível.

As crenças também podem sabotar o **sucesso profissional.** Esse grupo de pessoas sofre a influência de crenças que se traduzem em afirmações como "quanto maior a altura, maior o tombo", "após o sucesso vem sempre o fracasso", "trabalho demais não deixa viver", "quanto maior o sucesso, maior é a responsabilidade", "o sucesso atrai gente falsa", etc.

Da mesma forma que acontece nas demais crenças, a profecia se realiza. O grande paradoxo é que, conscientemente, a pessoa deseja o sucesso, mas, inconscientemente, ela evita a "responsabilidade", o "fracasso", o "tombo", a "falta de tempo para viver", etc. A incongruência entre o desejo consciente e o medo inconsciente trabalhando em um mesmo foco (sucesso no trabalho), faz com que a própria pessoa se sabote, seja fazendo escolhas erradas, tomando decisões equivocadas, etc.

É importante enfatizar que as crenças sabotadoras fazem com que situações desagradáveis da vida se tornem repetitivas. Dessa forma, nem todo problema financeiro é resultante de crenças errôneas, a não ser que elas se tornem repetitivas.

O grande vilão das crenças sabotadoras é a baixa autoestima, que é uma consequência da baixa autoconfiança e da falta de amor por si próprio. Amar a si próprio significa conhecer a si mesmo e reconhecer os talentos que possui e os potenciais que precisam ser desenvolvidos. Significa ser tolerante consigo, pois a vida é um caminho de crescimento e erros e tropeços são inevitáveis. Significa querer bem a si próprio, desejar e aceitar a felicidade e o amor em sua vida.

17. Como saber se estou sendo vítima de uma crença inconsciente e como saber se minhas metas recém-criadas não estão contaminadas por elas?

Vamos considerar a "contaminação" como sendo a divergência entre uma vontade consciente e uma crença inconsciente, certo? Para saber se você está sendo vítima de suas crenças negativas, basta fazer uma breve análise de sua vida. Existem situações desagradáveis que se repetem em sua vida com certa frequência? Por exemplo, relacionamentos fracassados, falta de dinheiro, endividamento constante, chateações no trabalho, desentendimentos frequentes, etc. A repetição é um sinal de que você pode estar em um ciclo de autossabotagem.

Para saber se suas metas estão contaminadas por crenças autossabotadoras, o procedimento é um pouco mais delicado. Por se tratar de crenças inconscientes, a única forma de perceber tal incoerência é através das sensações corporais e dos sentimentos.

Uma forma simples de perceber se há incoerência é fazendo o próximo exercício.

DETECTANDO CRENÇAS AUTOSSABOTADORAS

- Você deverá realizar o exercício com todas as metas que estabeleceu, uma de cada vez;
- Vá para um local calmo e sente-se confortavelmente;
- Selecione a primeira meta;
- Feche os olhos, relaxe o corpo e concentre-se;
- Faça o exercício da tela mental em que visualiza o futuro que deseja projetado em uma tela. Observe todos os detalhes da cena;
- Entre na tela e sinta-se parte do cenário. Sinta o cheiro e a temperatura, veja as cores e sinta como é conquistar o que mais deseja;

Negatividade e Motivação

- 💡 Nesse momento, você deverá atentar para pensamentos, sensações e sentimentos "invasores". Perceba se nesse momento surgem em sua mente pensamentos do tipo "ah, isso não vai dar certo!" ou "que ridículo"; perceba se sente um frio na barriga, como se estivesse com medo de não conseguir o que deseja, algum sentimento estranho, tal como angústia, ou qualquer sensação que não seja a de felicidade;
- 💡 Caso tenha detectado qualquer mensagem que não seja coerente com o sentimento positivo, perceba onde ela ocorre no seu corpo. Se for um pensamento, reproduza-o mentalmente e perceba quais sensações ele traz ao seu corpo. Amplie a sensação estranha no corpo e foque apenas nela. Em que região do corpo ela aparece? Amplie a sensação estranha. Não tenha medo de entrar nesse mundo estranho e incoerente;
- 💡 Agora você conhece a sensação, essa é a pista que você precisava para descobrir um pouco mais sobre sua crença inconsciente;
- 💡 Com os olhos fechados, traga novamente a sensação ruim ao corpo, amplie-a e, mentalmente, viaje ao passado e tente perceber em que momento de sua infância você sentiu a mesma sensação. A emoção e a sensação corpórea puxarão a memória. Uma imagem se formará em sua mente. Essa é a pista para que você descubra se há mensagens incoerentes em seu planejamento.

Sinais como frio na barriga ou outras sensações incômodas mostram que algo não está certo. Frio na barriga, por exemplo, é um dos sintomas do medo. O medo é uma emoção contrária à motivação. O medo trava e a motivação empurra para a ação. É como se a sua mente consciente dissesse "vá em frente!" e o seu corpo simplesmente travasse e dissesse "não, é perigoso, estou inseguro". Essa incoerência mostra a falta de autoconfiança e, portanto, a baixa autoestima.

É por isso que dizem que precisamos ser do tamanho dos nossos sonhos. Se acharmos que o sonho é muito maior do que nós, significa que existe a incoerência. Significa que você sente que não conseguirá o que deseja, que não tem capacidade para isso ou que simplesmente não merece algo melhor para si mesmo.

A sensação de cabermos direitinho nos nossos sonhos, ou seja, quando há coerência entre o que se deseja e o sentimento que acompanha, mostra que sentimos que merecemos aquilo e que temos a confiança interna para enfrentar qualquer desafio e conquistar o que desejamos. Em outras palavras, faremos por merecer.

18. Se a autoconfiança é tão importante para a automotivação, como posso fazer para aumentar a autoconfiança?

Confiar é "fiar com", "fiar junto", ou seja, você faz a sua parte e sabe que a outra pessoa fará o resto. Você confia em pessoas que demonstram, mesmo em pequenos gestos, que são confiáveis porque sempre fazem o que foi combinado. Você confia, acredita e, portanto, admira e respeita. Esse mesmo raciocínio pode ser aplicado a você mesmo no caso da autoconfiança. Pergunto: você é uma pessoa confiável? Você realmente cumpre o que promete?

> Nosso grande juiz é a nossa consciência. Podemos enganar a todos, menos a nós mesmos.

A autoconfiança vem da coerência entre o que se pensa e fala sobre si mesmo e o que efetivamente faz. Vamos supor que você seja uma pessoa que se considera um excelente profissional, que tem iniciativa, é proativo, etc. Você declara isso para os outros, se diz um excelente profissional com todas as qualidades acima. Entretanto, quando você faz uma análise honesta de si mesmo, percebe que não tem tanta iniciativa assim, nota que faz corpo mole toda vez que não tem ninguém olhando, finge que resolve problemas quando na verdade "empurra com a barriga", etc. Então, observa que existe uma incoerência entre o que você pensa e diz e o que você efetivamente faz.

Outro exemplo: você anuncia para todos os seus amigos que iniciou um regime e que vai perder dez quilos, só que, no meio do caminho, você desiste do seu plano. Você se sente envergonhado por ter dito a todos que faria algo, mas faltou força de vontade para continuar.

Toda vez que você fala uma coisa, mas faz outra, está destruindo sua autoconfiança. Você confia em pessoas que falam uma coisa, mas fazem outra? Não! Simplesmente não dá para confiar. A mesma coisa acontece na relação entre você e a imagem que tem de si mesmo. Quando percebe que fala muito, mas faz pouco, você começa a sentir insegurança com relação a si mesmo. Quando você se depara com um desafio maior, sente um frio na barriga, que é um sintoma do medo, e sente medo justamente porque duvida de si mesmo. "Será que eu vou dar conta?" é o pensamento que normalmente acompanha a sensação.

A autoconfiança caminha de mãos dadas com o respeito próprio. Portanto, uma vez que perde a confiança em si mesmo, você também perde o respeito por si mesmo. Você começa a não se sentir digno das coisas que deseja porque reconhece que não faz por merecer.

Com o amor-próprio comprometido, fica difícil manter a motivação, pois a fé em você mesmo está abalada. O exercício da gratidão, ensinado anteriormente, ajudará a resgatar a energia de amar a si mesmo.

O próximo exercício o ajudará a aumentar a autoconfiança a cada dia.

PRÁTICA DIÁRIA PARA AUMENTAR A AUTOCONFIANÇA

- 💡 Lembre-se que a autoconfiança é resultado da coerência entre o que você pensa e fala sobre si mesmo e o que faz;

- 💡 Comece treinando a coerência entre o que determina para si mesmo e o que faz com coisas simples e depois as torne mais complexas;

- Vamos supor que você seja muito tímido e que gostaria de ser mais expansivo. Comece com coisas pequenas. Por exemplo, você pode determinar que chegará no escritório e cumprimentará as pessoas falando um sonoro "bom dia". Pronto, é um comportamento simples, mas que pode ser observado e contado (quantas vezes você realizou a ação no dia?) e, portanto, absolutamente controlado por você;

- Tenha o cuidado de selecionar ações observáveis. Evite coisas como "ficarei à disposição" ou "ouvirei mais", que são comportamentos passivos e não observáveis. Quem olha para você não consegue medir a sua disposição ou o quanto você está ouvindo;

- Além de você mudar o conceito sobre si mesmo para melhor, também é importante que as pessoas vejam que você está se comportando de forma diferente e está se esforçando para ser alguém melhor.

19. Ouvi dizer que o dinheiro não pode ser colocado como meta final. Entretanto, vivemos em uma sociedade na qual o dinheiro é necessário para tudo. Como lidar com isso?

Pois é, aí está um grande engano. Na verdade, se fizermos uma pesquisa rápida e perguntarmos, aleatoriamente, às pessoas ao nosso redor sobre o que elas mais desejam na vida, ouviremos coisas como dinheiro, saúde, justiça, felicidade, etc. Entretanto, se analisarmos com cuidado, a felicidade é a meta final. Queremos saúde porque dificilmente nos sentiremos felizes com o corpo padecendo de dor. Queremos justiça porque não há como ser feliz em um mundo injusto. Queremos dinheiro porque ele pode comprar coisas que nos deixarão felizes. No entanto, perceba que o dinheiro não é a meta final, mas sim um instrumento que nos fará chegar à nossa meta final. No fundo, queremos ser felizes, amar e ser amados. Incluí amar e ser amado porque acredito que nenhum ser humano consegue ser feliz, mesmo com todo o dinheiro do mundo, caso se sinta sozinho ou abandonado. Penso que um ser humano sadio deseja ter por perto entes queridos e amigos, sentir-se amado e também poder amar. Aí sim se sentirá completo e feliz.

A nossa sociedade valoriza tanto o dinheiro que perdemos a noção do que é meta final e o que é um instrumento que nos fará chegar lá. Como disse anteriormente, dinheiro é energia, a qual deve ser empregada com sabedoria em prol dos nossos sonhos, mas jamais pode ser meta final. Seria a mesma coisa que afirmar que o corpo é a nossa meta final. O corpo físico é um instrumento que deve ser tratado e cuidado com todo amor para que o espírito possa usufruir da experiência terrena.

Dinheiro é bom e nenhum ser humano deveria viver na falta dele. Nenhum ser humano vive somente para sobreviver. O autor Nilton Bonder, em seu livro *A Cabala do Dinheiro,* diz que é necessário que o homem tenha dinheiro extra, além da subsistência, para que tenha tempo extra para se dedicar ao crescimento espiritual. E não há crescimento espiritual sem o estudo, sem a leitura. Assim, um ser humano que não sabe o que irá comer na próxima refeição, que trabalha o dia todo e cujo dinheiro mal dá para seu sustento não tem paz de espírito nem energia para estudar e crescer espiritualmente.

A falta de dinheiro, portanto, não seria o desejável, assim como o acúmulo de dinheiro sem crescimento espiritual, mental e emocional também não é positivo, pois não haverá sabedoria para lidar com ele.

Mudando um pouco o foco e olhando a questão do dinheiro pelo prisma da motivação, também é possível perceber o engano com relação ao dinheiro. Os estudos de psicologia sobre motivação indicam que o dinheiro está entre os fatores mais baixos de motivação. Isso pode soar muito estranho, uma vez que ouvimos o tempo todo pessoas dizendo que estão desmotivadas porque ganham pouco e que, se ganhassem mais, estariam muito mais felizes, pois estariam menos preocupadas.

Diante disso, vamos criar uma situação fictícia para entendermos melhor a questão. Imagine que você descubra que receberá 30% a mais no seu salário. É claro que ficará feliz. Entretanto, eu mal terminei o raciocínio e a sua mente já deve estar calculando o quanto daria os 30% a mais. Com o resultado, você começa automaticamente a ter ideias de como gastar melhor aquele dinheiro, uma vez que você tem uma série de necessidades. E justificativas não faltam! Por exemplo, você poderia pensar em trocar de carro, pois seu carro já está rodado demais e já começou a apresentar problemas mecânicos, ou você poderia pensar em trocar algum móvel da casa, ou poderia fazer algum curso para alavancar a carreira. Enfim, existe uma lista infinita de possibilidades.

Passados dois ou três meses, que é o tempo máximo de duração da motivação segundo pesquisas, você já está recebendo o dinheiro e já está empregando-o em alguma meta. É nesse momento que você começa a perceber que a sua situação está muito parecida com a situação anterior ao aumento, pois o dinheiro já está comprometido e você se sente "apertado" novamente. A sensação de pobreza retorna e pensamos: "puxa, estou precisando ganhar mais!".

Então, conclui-se que o dinheiro é um fator motivador paliativo ou falso, que durará poucos meses. É por isso que afirmações como "quanto mais ganha, mais gasta" são verdadeiras. Não podemos nos esquecer de que vivemos em uma sociedade que cria novas necessidades a cada segundo. Coisas para comprar e produtos bancários para investir o dinheiro não faltam!

20. Ser motivado é suficiente para ter sucesso na vida?

Não, de forma alguma. A motivação é apenas a energia que nos põe em movimento. Não adianta ter a energia se você não sabe para onde vai. Também não adianta querer algo para o qual você não tem a mínima habilidade.

O sucesso depende de um conjunto de fatores e um dos mais importantes é a competência — ou talento — para o que se deseja. Por exemplo, não adianta querer ser um grande empresário se você não tem o mínimo talento para isso ou se não quer se esforçar para desenvolver as competências necessárias, como visão estratégica, planejamento, empreendedorismo, visão de mercado, conhecimento financeiro, gestão de pessoas, etc. Lembre-se que, quanto mais audaciosa for a sua meta, mais ela exigirá de você.

O autoconhecimento também é importante nesse processo. Você deve reconhecer o seu talento. "O que você faz melhor que outras pessoas?". Muitas pessoas não sabem responder essa pergunta. Se não conhece a si mesmo, você não tem referências de sua própria capacidade. Conheço um rapaz que gosta muito de política e queria ser vereador ou deputado. Entretanto, percebeu que atuava muito melhor nos bastidores, assessorando outros políticos. Ele reconheceu seu talento e usou-o a seu favor. Continuou fazendo carreira na política com muito sucesso, mas não como homem de frente, e sim como o cabeça nos bastidores. Se seu ego fosse muito grande, talvez ele não reconhecesse seu verdadeiro talento e tentasse ser o homem de frente, o que poderia levá-lo a um grande fracasso, uma vez que não tinha todos os quesitos necessários para isso.

Portanto, um dos caminhos mais fáceis para se alcançar o sucesso é conhecendo os seus talentos e os seus diferenciais e utilizando-os a favor de si mesmo.

Faça o seguinte exercício.

CONHEÇA E POTENCIALIZE SEUS TALENTOS

- Pegue uma caneta e um papel;

- Pense em quais são as suas maiores habilidades. Escreva quantas puder lembrar e não se preocupe se uma coisa não tem a ver com outra. Por exemplo, você pode ser bom em pintura e também muito hábil com as palavras;

- Pense agora no que as pessoas falam sobre você. Que tipo de elogio você recebe das pessoas? As pessoas à nossa volta podem nos dar pistas valiosas sobre o que fazemos melhor do que os outros;

- Avalie os aspectos e estude-os, pense em como essas habilidades podem ser um diferencial, um talento só seu, tornando-o um profissional diferenciado no mercado;

- Tente combinar uma habilidade com outra. Deixe a mente criativa trabalhar;

- Em seguida, pense em suas habilidades com foco em suas metas. Como você pode utilizar as suas habilidades de forma que elas o ajudem a alcançar mais rápido suas metas?

- Por fim, pense nas habilidades que ainda precisam ser desenvolvidas para alcançar seus propósitos.

21. É possível se sentir motivado para tudo, o tempo todo?

É possível ser motivado o tempo todo, mas não é possível ser motivado para tudo ou para qualquer coisa. Você se motiva apenas por questões consideradas importantes ou que fazem sentido para você.

A motivação é específica. Você pode, por exemplo, ser motivado para trabalhar e para sair com amigos, mas não ter motivação nenhuma para praticar exercícios. Tudo dependerá das suas necessidades internas. E cada pessoa terá as suas.

É um erro quando ouvimos afirmações do tipo "não estou motivado porque a empresa não me ajuda", "estou desmotivado porque tenho um chefe chato", etc. Na verdade, as pessoas à sua volta não têm o poder de lhe motivar porque elas não têm poder sobre suas necessidades. O que ocorre nesse tipo de lamentação é que tentamos justificar a tristeza colocando a culpa nos outros. Esse é o papel de vítima.

Se você sentir que está desmotivado, fique atento para a falta de foco ou para a perda do sentido. Por exemplo, você pode ter sempre se sentido motivado a se comportar de forma honesta, íntegra e pacífica, mas, em determinado momento, por alguma desilusão ou frustração, se comportar assim pode não fazer mais sentido para você. Tudo dependerá da forma como você interpretar as situações. Se interpretar que a situação é uma oportunidade para crescer e fortalecer suas virtudes, sua motivação aumentará. No entanto, se interpretar que o mundo é injusto, você perderá a motivação.

22. Motivação tem a ver com força de vontade?

Sim, a motivação tem a ver com a força de vontade. Imagine a seguinte situação. Estamos em uma academia e eu lhe peço para levantar um peso com vinte quilos em cada lado.

Você pode ter as seguintes reações:

- Nem tocar no peso, dizendo: "Ah! Acho que não consigo, deve ser muito pesado";
- Tentar e desistir, falando: "Nossa, é bem pesado, acho que não dá!";
- Tentar e conseguir.

A primeira questão principal nessa situação é o quanto você se sente capaz de carregar o peso. Se você tem certeza de que não consegue, nem tentará. Se tiver dúvidas, poderá tentar, mas sabe que não vai conseguir e isso já basta para determinar o resultado. Contudo, se estiver certo de que consegue, sua força de vontade será maior.

A segunda questão é o "para quê" levantar o peso. Se você não tiver "motivo" nenhum, não terá vontade de carregar o peso.

Esse raciocínio vale para qualquer situação na vida. Segundo o dicionário Aurélio, "vontade" significa:

- Faculdade de representar mentalmente um ato que pode ser ou não praticado em obediência a um impulso ou não praticado em obediência a um impulso ou a motivos ditados pela razão;
- Sentimentos que incitam alguém a atingir o fim que essa faculdade propõe;
- Capacidade de escolha, de decisão;
- Firmeza, ânimo;
- Capricho, veleidade;
- Desejo ou determinação expressa;
- Necessidade fisiológica.

Quanto maior for a sua vontade, maior será a sua motivação. Quanto mais capaz se sentir, mais arrojado você se mostrará, pois sua certeza interna, sua fé e seu poder pessoal serão bem maiores e você se sentirá preparado para quaisquer desafios que surgirem em seu caminho. A vontade é a obediência do nosso corpo a uma ação proposta pela mente. É uma virtude que pode ser exercitada.

Pergunte-se:

"Que vontade eu tenho para trabalhar com mais afinco para atingir meus objetivos?"

"Que vontade eu tenho para comprar um carro novo e o quanto estou disposto a economizar para transformar meu plano em realidade?"

"Que vontade eu tenho para emagrecer e o quanto estou disposto a seguir uma dieta balanceada?"

Perguntas como essas ajudam a medir a sua vontade. Lembre-se que a vontade pode ser exercitada por meio da iniciativa e da autodisciplina. Queira fazer E FAÇA! Não postergue, não espere e não deixe para depois. As dicas abaixo o ajudarão a desenvolver a sua força de vontade.

- Evite a preguiça. Se tiver que fazer algo, faça já. Não deixe para depois;
- Levante na hora que o despertador tocar, evite os cinco minutos a mais na cama;
- Seja pontual nos compromissos;
- Evite procrastinar;
- Perceba em si mesmo comportamentos que precisam melhorar. Observe as pessoas positivas que possuem as habilidades que você ainda não tem e tome-as como referência. Imite os comportamentos da outra pessoa.

Aja dessa forma diariamente. O desenvolvimento da disciplina ajuda a melhorar a vontade e a autoconfiança, além de treinar o corpo a responder de forma rápida.

23. A personalidade influencia na capacidade de se automotivar?

Sim, a personalidade pode influenciar na automotivação. A personalidade é explicada por Weiten como a "estabilidade no comportamento de uma pessoa ao longo dos anos e em diferentes situações (consistência); as diferenças de comportamento entre as pessoas ao reagir à mesma situação (peculiaridade). (...) Refere-se à constelação singular de traços de comportamento consistentes de um indivíduo (...)".

Algumas pessoas que possuem traços de personalidade mais otimistas podem ter a tendência de enxergar situações difíceis da vida pelo lado positivo e, portanto, podem ser mais automotivadas do que outras.

Pessoas com traços mais otimistas conseguem se manter focadas em aspectos positivos, enquanto pessoas com personalidade mais pessimista têm a tendência de manter o foco nos problemas.

É importante enfatizar que a personalidade pode ajudar, mas não determina a automotivação. Qualquer pessoa, independente da personalidade, é capaz de se automotivar. Da mesma forma, pessoas com traços de personalidade mais alegres podem não conseguir manter o foco em projetos importantes e concretizar o que desejam. São simplesmente alegres. A automotivação, quando bem aplicada, leva-nos a realizações concretas.

24. Automotivação tem a ver com inteligência?

Sim. Pessoas mais inteligentes emocionalmente conseguem se automotivar. Nesse momento é importante enfatizar os dois principais tipos de inteligência, que funcionam de formas diferentes. De um lado, temos a **Inteligência Intelectual**, que engloba a capacidade de resolver problemas, raciocinar, planejar, aprender, compreender e abstrair ideias. De outro lado, temos a **Inteligência Emocional**, que envolve o reconhecimento das emoções, a canalização e a aplicação prática das energias das emoções para realizações positivas.

A existência desses dois tipos de inteligência explica a diferença de sucesso entre as pessoas. Você pode conhecer uma pessoa com uma inteligência intelectual altíssima, capaz de solucionar os problemas lógicos e matemáticos mais complexos, porém essa pessoa pode não possuir nenhuma habilidade social, não conseguir trabalhar em equipe, colecionar inúmeros problemas de relacionamento na empresa e, portanto, dificilmente alcançará o sucesso profissional. Essa pessoa não tem inteligência emocional.

Por outro lado, você pode conhecer uma pessoa não tão brilhante para resolver problemas lógicos e matemáticos, mas que sabe conduzir muito bem uma equipe, está sempre com bom astral, é automotivada, trabalha bem sob pressão, causa admiração por onde passa e, por essa razão, tende a alcançar mais rapidamente o sucesso profissional. Sua inteligência emocional é alta.

Não quero dizer com o exemplo acima que a inteligência emocional seja mais importante, de modo algum! As duas são altamente relevantes e o ideal seria que o ser humano conseguisse conciliar os dois tipos de inteligência, para que assim contribuísse com o melhor que pode oferecer.

A automotivação é um dos fatores da inteligência emocional e é resultado da utilização positiva das emoções. A automotivação é uma habilidade que, assim como a Inteligência Intelectual, precisa ser estimulada e desenvolvida.

> *"Inteligência emocional é a capacidade de criar motivações para si próprio e de persistir em um objetivo apesar dos percalços; é a capacidade de controlar os impulsos e saber aguardar pela satisfação de seus desejos; de se manter em bom estado de espírito e de impedir que a ansiedade interfira na capacidade de raciocinar; de ser empático e autoconfiante."*
>
> GOLEMAN, 2007

Para compreender melhor o processo, é preciso entender que toda emoção gera energia, a qual será manifestada por meio de um comportamento.

A palavra emoção vem do latim *emovere* e significa movimentar, deslocar. As emoções são estados psicológicos e biológicos que se refletem em uma série de tendências para a **ação**. As emoções são inatas, ninguém nos ensina a sentir, porém lidar com a energia gerada pelas emoções exige aprendizado.

Muitas pessoas acreditam, erroneamente, que dar importância para as emoções é coisa de "gente fraca", mas as emoções são de fundamental importância, inclusive para a sobrevivência do organismo. Devemos entender que tudo o que compõe nosso corpo e psique foi mantido e aperfeiçoado por milhares de anos. Portanto, se ainda existe, é porque possui função importante.

Não existem emoções negativas ou inúteis. Elas podem se **tornar** negativas e ter um efeito desastroso sobre nós mesmos ou sobre aqueles que nos rodeiam apenas depois de terem sido negadas, suprimidas ou distorcidas.

Por exemplo, a raiva não expressada pode se transformar em ressentimento ou, se acompanhada de culpa, pode levar à depressão. A raiva mal canalizada alimenta o ódio e potencializa a destruição. Isso ocorre porque a energia da raiva é canalizada para nossos membros superiores e inferiores, e é por isso que temos vontade de chutar, bater e xingar quando estamos com raiva. Entretanto, reações como essas não ajudam. Pelo contrário, elas nos causam ainda mais problemas.

Quando se tem controle sobre a energia da raiva, ela alimenta nossa força e potencializa nosso poder de realização. Isso ocorre porque utilizamos a energia que vai para os membros e podemos colocar a "mão na massa", ou seja, trabalhar de forma produtiva para a realização de nossos objetivos e não para a destruição do que está à nossa volta. Perceba que, com a mesma energia, podemos destruir ou construir.

O medo, quando negado, pode se transformar em ansiedade crônica. Ansiedade é o medo lançado para o futuro e alimentado por meio de pensamentos catastróficos. Ao pensar na possibilidade do futuro negativo, o corpo automaticamente reage no momento presente. As sensações são: músculos tensos, respiração acelerada e superficial, aumento dos batimentos cardíacos, estado de alerta sensorial, tensão muscular, ouvidos e olhos abertos e alertas, frio na boca do estômago e fluxo de sangue diminuído no rosto. Ficamos mais despertos e mais conscientes do ambiente ao redor.

O medo é uma emoção que produz uma reação corporal de luta ou fuga. O medo paralisa nossas vidas porque passamos a nos esquivar de situações que poderiam nos fazer crescer. Por exemplo, deixamos de dar nossa opinião quando estamos em uma reunião com nosso chefe ou com pessoas desconhecidas, deixamos de ter iniciativa para não nos expormos a possíveis erros, etc., e assim sabotamos o nosso sucesso.

Medo mal canalizado gera pânico e potencializa a insegurança. No entanto, o medo bem canalizado gera prudência, que pode ser empregada nos planejamentos, potencializando o sentimento de segurança.

A tristeza nos ajuda a desprender do que já perdemos e a abrir espaço para novo crescimento e novas pessoas, ou seja, traz a possibilidade de renovação. A tristeza nos ajuda a fazer o luto, nos predispõe a descansar. Retiramo-nos do meio social para recuperar as energias e nos recompor.

A tristeza não vivida pode se transformar em apatia e, quando não expressada, pode nos prender a um mundo irreal, que não existe mais. Galeno, no século II, já tinha observado que mulheres melancólicas tinham maior possibilidade de desenvolver tumores.

O amor, quando bem canalizado, liberta o ser amado e gera relações leves e positivas, onde as diferenças são respeitadas e não há a expectativa de mudar ninguém. No entanto, quando mal canalizado, aprisiona o ser amado dentro da imagem irreal criada pela paixão, o que gera expectativas, cobranças e frustrações, as quais acabam sufocando a relação.

A tabela abaixo mostra, de forma bastante generalizada, o impacto positivo e negativo das emoções em nossos comportamentos. Todas as emoções podem ser bem ou mal canalizadas. Quando mal canalizadas, elas limitam e geram prejuízos.

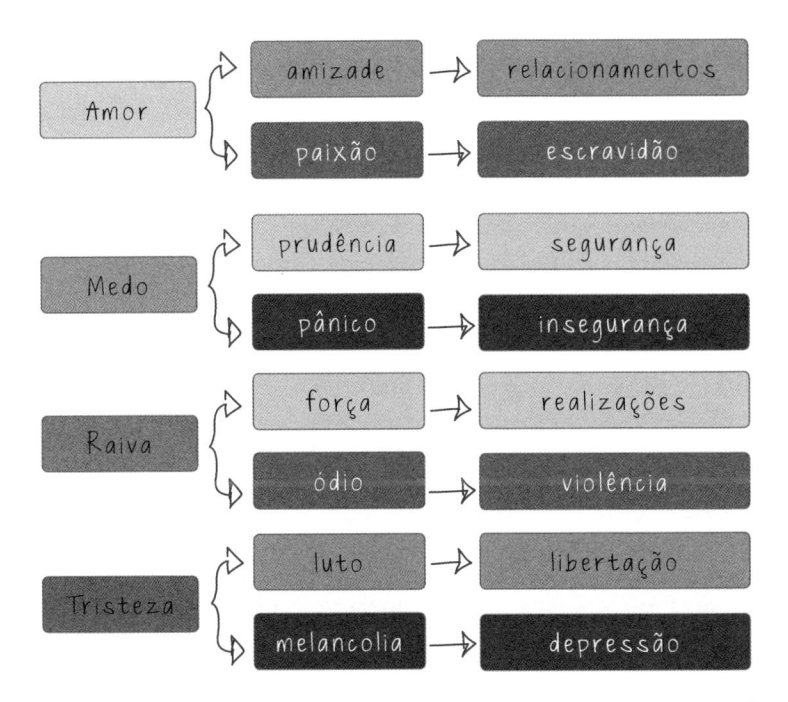

```
              ┌─ amizade  → relacionamentos
    Amor     ─┤
              └─ paixão   → escravidão

              ┌─ prudência → segurança
    Medo     ─┤
              └─ pânico    → insegurança

              ┌─ força     → realizações
    Raiva    ─┤
              └─ ódio      → violência

              ┌─ luto      → libertação
    Tristeza ─┤
              └─ melancolia → depressão
```

Erroneamente, pensamos que tomamos as nossas decisões de forma racional, mas, na verdade, ocorre o contrário. Na maioria das vezes, é a emoção que domina o processo de tomada de decisão e nós só tentamos justificar racionalmente a decisão tomada para criar algum sentido para nós mesmos.

Enquanto não formos capazes de compreender os nossos processos emocionais, corremos o risco de permanecer em eternos ciclos de autossabotagens.

Segundo Goleman, a automotivação é a capacidade de utilizar a energia da emoção a serviço de uma meta. Ela dá a capacidade de saber adiar a satisfação e conter a impulsividade. Indivíduos com essa capacidade tendem a ser mais produtivos e eficazes em qualquer atividade que exerçam.

Se pensarmos que emoções são energia e que precisamos de energia para executar e criar qualquer atividade (criatividade), é fácil perceber por que a inteligência emocional é importante. Pense, quanta energia gastamos de forma totalmente improdutiva quando nos preocupamos além da conta (ansiedade), quando temos episódios de raiva, quando ficamos melancólicos e temos pena de nós mesmos, etc.? Se pudéssemos aplicar essa energia de forma mais produtiva, talvez conseguíssemos atingir nossas metas de forma mais rápida e menos sofrida.

25. Metas muito desafiadoras podem rebaixar a motivação?

A motivação está relacionada à importância da meta. A questão da dificuldade do desafio é relativa, vai depender do ponto de vista da pessoa.

Se a sua meta tiver valor ou significado pequeno, você sentirá que sua motivação também será menor e as dificuldades parecerão maiores.

No entanto, se a sua meta for muito importante para você e você sentir que a sua vontade é maior do que qualquer outra coisa, então qualquer dificuldade se tornará pequena perto da sua vontade e motivação.

A sensação de metas desafiadoras demais pode ocorrer quando você está com sua autoestima enfraquecida. Lembre-se que a autoestima engloba a autoconfiança. Então, pode acontecer de você ter uma meta importante, mas sentir que não está preparado para ela. Se a autoestima for positiva, você encarará o processo de preparo também como um desafio. Caso sua autoestima esteja rebaixada, talvez você se sinta desmotivado, pois acredita que todo esforço não será suficiente para alcançar o que deseja. Entretanto, perceba que essa é uma sensação interna, não externa. É algo em que sua mente acredita.

26. Pessoas que trabalham com mais autonomia apresentam maior motivação?

Sim, a motivação pede, de alguma forma, a autonomia. Um ambiente muito repressor pode afetar a motivação. A motivação está relacionada à vontade de realizar ações e à autoconfiança (sensação interna de que é capaz de realizar algo). É natural que a pessoa motivada tenha comportamentos de iniciativa, que enfrente desafios e que, portanto, necessite de uma liberdade de ação maior.

Fatores como liderança, política da empresa, valores e cultura da empresa muito rígidos podem engessar comportamentos proativos e de iniciativa, justamente porque os colaboradores não têm autonomia para tomar decisões, mudar processos considerados lentos, criar soluções, etc. Quando a empresa dá mais autonomia para os colaboradores, eles se sentem mais valorizados porque percebem que a empresa confia neles. Por essa razão, também se sentem mais motivados para retribuir a confiança neles depositada.

Além disso, ao mesmo tempo que a autonomia dá maior poder de decisão, ela também traz uma carga de responsabilidade maior e, portanto, um desafio maior. A sensação de estar diante de um desafio maior traz excitação e vontade de superação. Todos os seres humanos carregam o desejo inerente de querer se superar e ser alguém melhor, seja no aspecto pessoal, profissional, espiritual, etc. Portanto, tem-se aqui um fator motivador natural.

A motivação pelo aprendizado e comportamentos de iniciativa podem ser estimulados desde a infância. Pais que desejam desenvolver essa habilidade em seus filhos precisam ter sempre em mente que a orientação deve vir sem a repressão da liberdade de pensar e criar. As crianças precisam ser incentivadas desde pequenas a desenvolverem a iniciativa e a autoconfiança, pois isso certamente será um diferencial importante na vida adulta.

O mesmo conselho pode ser dado aos líderes. Se desejam uma equipe motivada, apontem a direção, mas permitam que os colaboradores tenham liberdade para escolher o caminho, que deem sugestões e que sejam parte ativa do processo. Infelizmente, muitos líderes não estão preparados para tal missão e acreditam que precisam mostrar a direção e dizer exatamente o que deve ser feito. Não permitem que a equipe cresça, não contribuem para o crescimento dos colaboradores e acabam matando a motivação da todos.

Uma forma positiva de exercitar a motivação para aprender e a autonomia, tanto de filhos quanto de colaboradores, é por meio da delegação de funções. Uma regra importante da delegação de funções é que o fato de você ter delegado alguma função não significa que você está livre de responsabilidades. Ao contrário, a responsabilidade final é sua, tanto se o resultado for positivo quanto negativo. Ao delegar uma função, você deve deixar claro à pessoa quais as consequências do sucesso e do fracasso e como isso afeta outras pessoas.

A seguir, dou algumas dicas sobre como trabalhar a motivação em crianças por meio da delegação de tarefas.

COMO DELEGAR TAREFAS ÀS CRIANÇAS

- Comece envolvendo a criança em atividades corriqueiras, tais como prender roupas no varal ou guardar os próprios brinquedos. Depois evolua para atividades como cuidar de uma plantinha ou dar comida ou água a algum animal;
- Ajude a desenvolver a motivação em seu filho. Crie sentido para a atividade, mostrando a ele a importância do que ele faz e as consequências de suas ações: positivas, quando feitas da melhor forma possível, e negativas, quando feitas de maneira incorreta ou quando não realizadas;
- Elogie! Crianças precisam saber que estão indo no caminho certo!

- Acompanhe a atividade. O papel do observador tem impacto positivo no comportamento da criança. Ela tende a se comportar melhor quando percebe que está sendo observada;
- Use a criatividade! Empregue o máximo de ludicidade na atividade. Brinque que os pregadores de roupa são bichos que mordem e seguram a roupa, ou que o cesto de roupas sujas é um cesto de basquete. Isso ajuda a tornar a atividade mais interessante para as crianças.

Se você tiver filhos adolescentes, perceberá que a fórmula acima pode não funcionar com eles, a não ser que já estejam acostumados a realizar tarefas desde pequenos. Adolescentes que não foram habituados a ter responsabilidades com tarefas dificilmente aceitarão a divisão ou delegação de tarefas quando esta só ocorre na adolescência.

A adolescência é uma fase bastante conturbada e difícil, não só para os adolescentes, mas também para os pais. É uma fase confusa, na qual o adolescente precisa fazer o luto do corpo e da vida infantil e assumir uma postura adulta diante da vida, e isso não é nada fácil. Ao mesmo tempo, ele luta para ter uma identidade própria e, por isso, não aceita nada que venha dos pais. Qualquer sugestão que venha da parte dos pais é tida como ordem, que eles recusam a seguir. Não é possível destrinchar esse tema tão complexo neste momento, mas o que posso dizer a pais de adolescentes sobre tarefas é que tomem sempre a iniciativa de conversar e negociar com seus filhos, estejam sempre por perto, pois essa fase demanda muito cuidado, e tenham muita paciência, porque essa é só uma fase, e ela passará!

Darei agora algumas dicas para líderes motivarem seus colaboradores por meio de delegação de tarefas.

COMO DELEGAR TAREFAS A COLABORADORES

- Selecione as atividades que podem ser delegadas. De preferência, tarefas mais operacionais. Tome o cuidado de selecionar tarefas com ações observáveis e mensuráveis;
- Estabeleça um prazo para a execução e como irá monitorá-la durante o processo;
- Escolha a pessoa certa para delegar a tarefa. Observe se ela possui as habilidades necessárias e se está disponível para receber a tarefa. Lembre-se que, na delegação, o colaborador receberá uma tarefa extra;
- Converse com o colaborador e deixe claro o que você espera dele e por que deseja delegar a tarefa. Coloque as metas organizacionais acima das pessoais;
- Crie um sentido para a tarefa, mostre o que o colaborador ganhará em termos de experiência e conhecimento e como isso

poderá impactar de forma positiva em sua carreira. Da mesma forma, mostre as consequências negativas para a empresa e o departamento caso o trabalho seja realizado de forma inadequada;
- Apresente a tarefa e deixe que o colaborador traga suas impressões e ideias sobre como a tarefa deve ser realizada;
- Solucione qualquer dúvida ou discordância antes de iniciar a tarefa;
- Monitore a tarefa, dando autonomia ao colaborador e mostrando que você está disponível sempre que ele precisar;
- Ao final da tarefa, analise e dê feedback ao colaborador. Se a tarefa foi realizada corretamente, os méritos são do colaborador. Se houve algum erro no decorrer da tarefa, a responsabilidade é sua.

27. Reconhecimento aumenta a motivação?

Apesar de muitas pessoas creditarem suas motivações a reconhecimentos e premiações, eu acredito que essa postura seja um engano.

Aprendemos, desde tenra idade, a buscar o reconhecimento alheio. Quando somos crianças, nossos pais nos dizem o que fazer: tomar banho, trocar de roupa, comer, brincar, etc. Obedecemos e ganhamos elogios e carinhos.

Quando crescemos mais um pouco, são os professores que nos dizem o que fazer. Pedem para lermos, por exemplo, o capítulo 5 do livro de história e para respondermos os itens "a" e "b". Porque somos obedientes, voltamos para casa e lemos rapidamente o capítulo 5, mas quando chegamos aos exercícios, percebemos que há muito mais que apenas "a" e "b". Entretanto, fazemos apenas o que o professor nos mandou.

Com os exercícios prontos, voltamos satisfeitos para a escola, ávidos pelos elogios. O professor então os corrige, apenas "a" e "b", e dá a nota: 10 e com um detalhe importante, as estrelinhas!

A nota 10 e as estrelinhas passam a significar que somos importantes, diferenciados, que temos uma atenção especial do professor. É assim que aprendemos a fazer exatamente e somente aquilo que nos pedem, e nada mais, pois somos premiados por isso. Não somos premiados por fazer lições a mais, e esse resultado, que é a falta de iniciativa, é percebido no mercado de trabalho alguns anos depois.

Passam-se alguns anos e logo estamos no mercado de trabalho. O papel do professor é substituído pelo do chefe. O chefe ordena que façamos os relatórios "a" e "b". Como aprendemos a vida inteira a ser obedientes, fazemos exatamente e somente aquilo que o chefe nos pediu. Mesmo que sobre tempo, não fazemos nada a mais, até porque nunca fomos estimulados a fazer algo a mais. Temos medo, então achamos mais seguro permanecer na zona de conforto. O choque ocorre quando o chefe cobra o resultado.

Entregamos os relatórios, ávidos por elogios. Entretanto, o que recebemos é um seco "ok" e, em seguida, uma cobrança do tipo "mas você só fez isso?".

Nesse momento, nos sentimos indignados. O chefe quebra toda a cadeia de acontecimentos que era alimentada desde a escola, quando fazíamos as tarefas e recebíamos elogios que nos mostravam o quanto éramos especiais e queridos. Entretanto, no caso do chefe, o elogio não vem. Só vêm mais cobranças. Então nos sentimos desmotivados porque ele não reconheceu o esforço. Inconformados e frustrados, nos ressentimos com o chefe e passamos a pensar que ele é insaciável, que irá nos explorar "até o osso" e depois nos descartar. Pronto, assim caímos na armadilha do papel de vítima, sobre o qual já falei anteriormente.

Se fizermos uma leitura fria dos acontecimentos, podemos perceber que vamos para o mercado de trabalho não com a postura de um adulto, mas com a postura de uma criança que precisa do reconhecimento alheio para se sentir feliz.

Até certo ponto do nosso desenvolvimento, é positivo que pais e professores incentivem e premiem bons comportamentos, pois as crianças estão aprendendo a socializar e precisam aprender as regras do bem viver. Entretanto, a partir da adolescência, espera-se que tenhamos essas regras internalizadas e que sejamos capazes de olhar para nossos próprios comportamentos e concluir se foram positivos ou negativos para o ambiente.

A mesma coisa deveria acontecer com a questão do reconhecimento pelo trabalho. Pessoas maduras têm condições de analisar o próprio trabalho e concluir se fizeram um bom ou mau serviço, se deram o melhor de si ou se fizeram "meia boca". Elas também são capazes de dar o reconhecimento pelo bom trabalho a si mesmas, parabenizando-se por terem feito um bom trabalho. Não precisariam de outras pessoas para dizer isso a elas. Entretanto, como a maioria das pessoas vai para o mercado de trabalho com postura de criança, elas ainda sentem que precisam do reconhecimento externo para sentirem-se especiais e felizes, e insistem em buscar nos chefes a atenção que buscavam nos pais e professores.

Por essa razão, ouviremos que o reconhecimento é um fator importante dentro dos temas organizacionais. Entretanto, a postura mais correta para o desenvolvimento pessoal é libertar-se dessa ilusão e motivar-se por si mesmo.

A mesma coisa acontece nos relacionamentos pessoais quando o assunto é o amor. Quando pequenos, somos frágeis, precisamos muito da atenção e do amor de nossos pais, pois ainda não somos capazes de "fabricar" o amor por conta própria. Conforme vamos crescendo, desenvolvemos a autoestima e passamos a amar a nós mesmos. O amor maduro é definido como aquele capaz de abastecer nossas próprias necessidades e depois ser doado a outras pessoas sem esperar nada em troca.

No amor imaturo, como a pessoa não consegue dar amor a si mesma, ela cobra dos outros. Dessa forma, está sempre pensando na retribuição. Quando o relacionamento acaba, ela diz "eu fiz tanto por ele e ele me abandonou". Esse tipo de fala é típico da pessoa que espera algo em troca. Também é possível ver o amor imaturo nos ciúmes. Algumas pessoas são tão carentes que desejam que o ser amado ligue o dia todo dizendo que as ama, onde está, com quem está, o que está fazendo, ufa! Não dá nem tempo de sentir saudades!

Tanto no caso da busca pelo reconhecimento alheio como no caso do amor imaturo é possível observar a postura da criança carente, ávida por atenção. Lembre-se, você não é mais uma criança. Você é um adulto e deve se portar como tal. Se não consegue dar o reconhecimento a si mesmo por um trabalho bem-feito e espera que isso seja feito por outra pessoa, você está dando a ela um poder que ela não tem: o poder sobre a sua felicidade.

Se você não se amar o suficiente para se aceitar, reconhecer seus talentos e perdoar seus erros, ficará eternamente na expectativa de que alguém faça isso por você. Amor-próprio é algo que ninguém poderá lhe dar, você precisará desenvolver sozinho. A partir do momento em que conseguir se amar incondicionalmente, esse amor transbordará de você e, aí sim, será possível dar esse amor incondicional a outras pessoas, aceitando-as, amando-as e querendo-as bem. Sem controle, sem expectativas e sem frustrações.

Portanto, não coloque nas mãos de outras pessoas o poder sobre a sua felicidade. No trabalho, trabalhe sempre para você, faça sempre o seu melhor possível e sinta orgulho do que você é capaz de fazer. Esse é o seu maior presente. A cada trabalho bem-feito você aumenta sua autoestima, sua autoconfiança, seu respeito próprio e sua capacidade de se fazer feliz. Quanto às outras pessoas, não se preocupe — esteja certo de que o mercado está sempre de olho em grandes talentos e bons trabalhadores são disputadíssimos no mercado de trabalho.

28. Pessoas motivadas realmente produzem mais?

Nem sempre. A motivação é uma energia que pode ser bem ou mal-empregada. Algumas pessoas podem ser motivadas, porém administram muito mal seu tempo e suas atividades e, por essa razão, apresentam baixa produtividade. Motivação e administração de tempo são habilidades diferentes.

A administração de tempo envolve três pontos principais:

Planejamento do tempo: envolve saber o que fazer. As tarefas devem estar alinhadas às suas metas profissionais e da empresa. Estabeleça metas de longo, médio e curto prazo baseadas nas metas de seu departamento. Mesmo que você seja um profissional liberal, é importante que crie metas diárias.

Ordene as ações tendo sempre em mente que seu objetivo é realizar a maior quantidade de ações em um menor tempo possível.

Planejamento das tarefas: não confie apenas na memória. Crie o hábito de trabalhar com uma agenda de papel ou virtual. Tenha o hábito de programar antecipadamente os seus dias (meta de curto prazo), sempre visando a meta de longo prazo. O ideal é que, ao iniciar o dia de trabalho, você já o tenha "desenhado" em sua agenda.

Você também pode fazer uso de lembretes (post-its) para relembrá-lo das atividades importantes. Nem sempre conseguimos executar nossa agenda da forma como planejamos, pois dependemos da resposta de alguém ou de algum relatório, etc. Os lembretes são ideais para essas ocasiões. Eles nos relembram que precisamos dar andamento no processo assim que tivermos a informação ou o material em nossas mãos.

Estabelecimento de prioridades: nem sempre aquilo que é urgente é importante. Lembre-se que o ser humano é um ser de hábitos. Uma vez habituado a agir como um bombeiro "apagando o fogo", perde a capacidade de refletir se o que é urgente é realmente importante para o resultado final. O estabelecimento de prioridades deve levar em consideração três critérios: o prazo de entrega do trabalho, o resultado e a Equação de Pareto.

Sobre o prazo de entrega do trabalho: no mundo atual, tempo é dinheiro. De nada adianta fazer um bom trabalho e entregá-lo quando já não é mais necessário.

Quanto ao resultado, nem tudo que é urgente é importante. Leve em conta O Princípio de Pareto, que diz que 20% do que realizamos traz 80% de resultado. E 80% das atividades trazem apenas 20% do resultado.

A Equação de Pareto pode ser aplicada em diversas situações, por exemplo:

- 80% das vendas são feitas, frequentemente, com 20% dos produtos da empresa;
- 80% das licenças médicas são concedidas a 20% dos funcionários de uma empresa;
- 80% do total de tempo dos telespectadores é gasto assistindo a 20% dos programas mais populares;

- 80% de toda a riqueza está nas mãos de, no máximo, 20% da população.

Agora identifique quais são as atividades que trazem o maior resultado para definir as tarefas prioritárias.

Utilize também:

- Facilidade: tarefas mais fáceis podem ser realizadas com mais rapidez. Portanto, isso pode poupar tempo;
- Delegação: considere a possibilidade de delegar tarefas que trazem pouco resultado e que são operacionais, como ir ao banco, ao correio, etc;
- Dizer não: quando o que lhe foi solicitado for estranho às estratégias da empresa; quando a atividade aumenta o custo ou diminui o lucro da empresa e não traz benefícios; ou quando você já está executando uma tarefa de alta prioridade e não há tempo para se dedicar a outra tarefa com prazo de entrega similar.

Fique atento aos **ladrões de tempo**. Baixa produtividade também é um sinal de falta de foco. São inúmeras as situações que roubam nosso tempo. Para ter uma ideia, quando você está profundamente concentrado em alguma atividade e é interrompido para atender o telefone, ler um e-mail, etc., você demorará cerca de quinze a vinte minutos para resgatar o mesmo nível de concentração que tinha anteriormente. Os grandes ladrões de tempo são:

- E-mails em excesso;
- Interrupções para atender ligações;
- Interrupções constantes porque você adota a política das "portas abertas";
- Excesso de sociabilidade — o famoso "cafezinho";
- Visitas inesperadas.

- Reuniões improdutivas;
- Procrastinação (adiamento de tarefas);
- Vício do detalhamento;
- Muitas preocupações.

Se você realmente deseja aumentar sua produtividade, terá que aprender a lidar com os ladrões de tempo e a evitar interrupções. Aí vão algumas dicas:

- Ao realizar a programação diária em sua agenda, determine horários específicos para a leitura de e-mails. Desligue todos os sinais sonoros que avisam sobre a chegada de novas mensagens e esqueça as redes sociais durante o trabalho;
- Tente responder e-mails logo na primeira leitura. Se não puder, coloque-os em "coisas a fazer". Trate de apenas um assunto por

e-mail, isso facilita a leitura e a localização da mensagem pelo "assunto". Se o assunto mudar, mude também o "assunto" do e-mail. Escreva de forma objetiva e utilize tópicos;

- Se perceber que a socialização é necessária para discutir de maneira informal processos em andamento, crie o hábito de marcar dez minutos antes da reunião para um cafezinho. Assim você faz a socialização e discute algum ponto fora da pauta da reunião;

- Tente explicar às pessoas que o interrompem com frequência que está tentando gerenciar melhor o seu tempo e combine horários específicos para se reunir com eles;

- Reserve um tempo específico para lidar com suas preocupações. Isso o ajudará a manter a mente livre de preocupações nas horas em que precisa se concentrar para produzir. Preocupações demais roubam a atenção e distraem a mente, causando ansiedade;

- Evite procrastinar. Se perceber que anda "empurrando com a barriga", descubra por que está evitando a tarefa. Ela é desagradável? Você se sente inseguro? Não sabe por onde começar? Está com preguiça? Em seguida, contabilize o custo da demora. Você não perde somente tempo, mas também perde dinheiro com isso. Se você considerar a tarefa difícil demais, desmembre-a em subtarefas, pois assim o início se torna mais fácil. Se necessário, peça ajuda. Veja se você não está estabelecendo padrões muito altos de perfeição.

29. Pessoas motivadas são mais felizes?

Sim. Quando está motivado, você se sente feliz; a sensação é muito parecida. Ambos são estados de espírito que envolvem alegria e sensação de júbilo, e isso tudo ocorre por uma simples razão: a pessoa motivada sabe para quê existe. Portanto, essa felicidade está relacionada com a consciência que temos de nossas vidas e o sentido que damos a ela.

Nesse momento, penso que vale a pena citar alguns pensamentos de Martin Heidegger (1889-1976), um filósofo existencialista que dizia que a vida em si não tem sentido, mas quem dá o sentido a ela somos nós. Todos nós sabemos que um dia iremos morrer. Essa consciência da morte gera angústia e medo. Diante da consciência de nossa própria finitude, por ansiedade, tendemos a fugir de nós mesmos, vivendo no que Heidegger chama de **impropriedade**, que significa não viver de forma autêntica, mas sim deixar que outras pessoas criem o sentido da nossa vida. Assim, nos deixamos envolver por um cenário consumista, onde o sentido da vida passa a ser o acúmulo de posses e artigos de luxo, e nos enfiamos em rotinas loucas, com agendas lotadas e sem tempo para nada, com inúmeros compromissos sociais, distrações que ocupam a mente, novelas e qualquer outra coisa que dê a ilusão de viver intensamente, alienando a consciência da morte, e, ao mesmo tempo, nos afastando de nós mesmos. Desse modo, vivemos uma vida sem objetivo concreto, sem direção, de forma imprópria e sem sentido.

A impropriedade também gera um vazio existencial muito grande, que vem acompanhado de um sentimento de angústia, abandono e solidão. Dá a impressão de que temos tudo, mas ao mesmo tempo não temos nada. Apesar de não ser agradável viver a angústia e o vazio, nesse caso, eles não são negativos. São apenas sinais de que algo não está bom, de que nossa alma clama por algo mais. E esse algo mais só pode ser vivido no reconhecimento da existência autêntica.

Para viver de forma autêntica, é preciso entrar em contato consigo mesmo e conhecer o seu próprio ser. Só sentiremos que existimos de verdade se estivermos em contato com nossa própria essência. Só depois de compreender o que somos é que poderemos descobrir o que queremos fazer de nossas vidas sem a interferência de outrem. É claro que, nessa busca, percebemos que não somos completos, mas também percebemos que temos liberdade para fazer de nossas vidas aquilo que bem entendermos.

A autenticidade nos liberta do medo do julgamento dos outros, justamente porque compreendemos que somos seres finitos e que, para viver bem esse curto espaço de tempo que é a vida, precisamos retirar os limites. O julgamento alheio é um deles.

Como prêmio, ao nos lançarmos para novas experiências, construímos a nós mesmos, descobrindo talentos e dons que jamais imaginamos que tínhamos. A felicidade se dá aí, em alguns momentos em que tomamos consciência de nossa própria liberdade para construirmos a nós mesmos e nossas vidas.

Portanto, pessoas verdadeiramente motivadas são felizes porque vivem de forma autêntica. Elas descobriram o que as move e seus talentos, então valorizam a diferença que sua existência faz nesse mundo e na vida de outras pessoas. Elas criaram esse sentido. São pessoas conectadas consigo mesmas, que sentem o prazer de viver criando, trabalhando e valorizando o momento presente, pois sabem que é somente nesse exato momento que podemos nos sentir verdadeiramente vivos.

30. Então é possível afirmar que pessoas felizes são mais motivadas?

Sim, porém não podemos confundir pessoas bem-humoradas, que aparentemente estão de bem com a vida, com pessoas felizes. Essas características não são iguais. Às vezes, o humor é utilizado como máscara social, que pode esconder, por exemplo, uma pessoa de natureza depressiva.

Carl Gustav Jung utilizou o termo "máscara" ou "persona" para mostrar a maneira como as pessoas se adaptam a esse mundo. Desde pequenos, desenvolvemos as máscaras de acordo com as expectativas sociais. Por exemplo, tentamos ser bonzinhos para ganhar o afeto, a simpatia e os elogios das pessoas.

De acordo com Jung, as máscaras são como papéis sociais: não são negativas e fazem parte da vida. Podemos ter diversas máscaras, tais como trabalhador, pai, filho, amigo, etc. O problema ocorre quando nos identificamos demais com a máscara, a ponto de esquecer que não somos ela, e passamos a viver em função da imagem criada por nós mesmos projetada na máscara. A máscara se sente poderosa e se torna rígida dentro de padrões construídos por ela mesma, tolhendo a criatividade e a capacidade de ação da pessoa. Por exemplo, uma pessoa que veste a máscara do bem-sucedido não consegue lidar com fracassos na vida. Qualquer sinal de que algo não esteja de acordo com seus planos ou ameace seu sucesso é visto como uma tragédia. O medo de fracassar ameaça a máscara do bem-sucedido, gerando sofrimento por antecipação, e sua ansiedade (preocupação com o futuro) pode lhe trazer sofrimento psíquico e físico. O ideal é saber utilizar as máscaras de acordo com as situações. Saber usá-las e retirá-las quando necessário.

Viver apenas no mundo da máscara, além de ser como uma prisão, pode fazer com que nos afastemos da nossa verdadeira essência. Seria o mesmo que viver de forma imprópria, conforme expliquei na questão anterior. Nesse caso, a alma, ou *self*, conforme chamava Jung, não é alimentada. O verdadeiro ser fica vazio, criando sensação de tristeza, abandono e angústia.

Se pegarmos o exemplo de uma pessoa que utiliza as máscaras de forma inadequada, ou seja, identificada demais com a máscara do bem-humorado, podemos observar que essa pessoa mostra a todos, o tempo todo, que é uma pessoa feliz. Entretanto, no fundo, pode justamente querer esconder de si mesma e dos outros a sensação de vazio que a acompanha. Imagine só a quantidade de energia gasta nesse processo psíquico de manutenção da máscara. A pessoa não se dá o direito de chorar quando está triste ou até mesmo de sentir tristeza, pois, em sua crença interna, mostrar tristeza seria como desmoronar frente a si mesma e aos outros.

Isso não quer dizer que toda pessoa bem-humorada seja um bem-humorado falso. Só quer dizer que essa pode ser uma manifestação da máscara e, por conta disso, não é possível dizer que a pessoa esteja motivada.

Da mesma forma, uma pessoa que se diz feliz também pode não ser motivada. Ela pode simplesmente conviver bem com seus afazeres e ser uma pessoa que não reclama, que resolve bem seus problemas e que vê sua novelinha no final da noite, mas pode não ter uma motivação maior na vida. Se perguntar a ela qual a razão de sua existência, talvez ela mesma não saiba responder.

É por isso que não podemos afirmar que toda pessoa bem-humorada é motivada, pois nem sempre ela é feliz. Entretanto, toda pessoa motivada é feliz. A motivação requer metas, atitude e energia positiva para execução das mesmas.

31. Motivação tem a ver com fé?

Sim, totalmente. A fé é a esperança e a confiança no futuro ou em um Ser Supremo, ou até mesmo de que seus sonhos um dia se transformarão em realidade. Uma pessoa que sonha com a casa própria e tem fé de que conseguirá comprá-la, por exemplo, fará todos os sacrifícios possíveis para realizar seu sonho. Poupará mensalmente dinheiro para esse objetivo e deixará de sair e comprar coisas supérfluas, pois tem em mente um objetivo muito claro e específico: sua casa própria. Uma pessoa assim pensa em seu sonho e alimenta-o todos os dias, até que ele se torna maior e mais importante do que os ônibus e metrôs lotados que precisa enfrentar diariamente, as fofocas e os problemas do trabalho, as chateações com a família, etc.

Entretanto, se essa pessoa falha em sua fé, ou seja, se de alguma forma duvida que conseguirá alcançar seu objetivo, ela dá margem para que o agente sabotador comece a agir. Ela não trabalhará com tanto afinco, não fará tanto esforço para poupar e perderá seu foco principal diversas vezes, pois não acredita nele.

A questão religiosa pode ajudar nesse sentido, e muito! O pensamento religioso, qualquer que seja a religião, defende a existência de um Ser Supremo muito mais poderoso do que todos nós e que, com Sua força, pode realizar milagres. Em alguns momentos da vida, é comum sentirmos que estamos fraquejando ou que a situação é complicada demais para ser resolvida por conta própria, e é aí que o pensamento religioso pode ajudar. Ao pedir ajuda ao Ser Supremo, psicologicamente falando, não nos sentimos sozinhos. Pelo contrário, nos sentimos protegidos e amparados. Essa sensação de amparo nos dá forças para seguir adiante e enfrentar os desafios. O pensamento religioso ajuda a fortalecer a fé na vida e a superar as dificuldades.

E a sua fé? Como anda? O exercício a seguir poderá lhe dar uma referência sobre como anda sua confiança em si mesmo e em seus projetos.

COMO ANDA A SUA FÉ?

- Vá para um lugar tranquilo e sente-se confortavelmente;
- Selecione mentalmente algo que você ainda não tem, mas que deseja muito conquistar (novo cargo, carro, casa própria, etc);
- Feche os olhos e respire profundamente, concentrando sua mente no exercício;
- Quando sentir que já está concentrado, crie a imagem daquilo que você mais deseja conquistar em sua frente. Crie os detalhes (cor, tamanho, particularidades, textura, etc);
- Agora imagine que você está se aproximando de seu sonho e que o está conquistando;

- 💡 Nesse momento, preste atenção nas suas emoções e sensações corporais. Surgirão pensamentos e sensações. Note se há alguma sensação de incômodo. Por exemplo, se você está imaginando que comprou e está pegando seu carro zero na concessionária, ao entrar mentalmente no carro, poderá sentir um incômodo e um pensamento como "será que vou conseguir pagar?" ou "será que isso será mesmo possível?";

- 💡 A falha na fé pode ser observada em sensações como essas, em que a dúvida permeia a experiência;

- 💡 A fé, ao contrário, é a sensação de certeza de que você conquistará o que deseja;

- 💡 Tenha muito cuidado para não se enganar. A honestidade consigo mesmo é importante. O fato de perceber que ainda existem dúvidas dentro de você não é tão grave assim. É apenas um sinal de que talvez você ainda tenha que trabalhar sua autoconfiança, bem como outros aspectos, como planejamento, disciplina, desenvolvimento de certas habilidades, etc.

"Por que é importante ter fé?", você pode me perguntar. E eu respondo que a fé define uma série de realizações ou não realizações em nossas vidas. Ao acreditarmos em um futuro possível, temos força para enfrentar situações adversas, mesmo que a realidade do momento não seja tão positiva.

Entretanto, ter fé requer acreditar em um futuro que ainda não existe. Por exemplo, você pode desejar comprar a casa dos seus sonhos. Você pensa nela e sabe até a cor das paredes e dos móveis, porém ela ainda não é real. Não no momento presente. Mas, se não acreditarmos no futuro, não conseguiremos construir nada.

Temos muita dificuldade em lidar com nossa fé e falhamos muitas vezes porque sofremos grande influência do pensamento lógico e racional, predominante na sociedade ocidental. Aprendemos que é preciso "ver para crer" e "provar para acreditar". Dessa forma, ficamos presos ao que podemos ver e tocar. No entanto, só é possível ver e tocar o que já se encontra materializado no momento presente. Contudo, ter fé requer acreditar naquilo que ainda não pode ser visto nem tocado materialmente falando. É um paradoxo.

Entretanto, acreditar apenas naquilo que podemos ver é um imenso engano. A realidade está muito além dos nossos sentidos, está além do que podemos ver, ouvir, cheirar, pegar e sentir o gosto. A realidade também envolve um universo subjetivo, o qual inclui nossa história de vida, nossas emoções, nossos vícios de pensamento, etc. É por isso que a realidade se torna diferente para cada pessoa.

Além disso, no livro lançado a partir do documentário *Quem somos nós?*, os autores citam experiências científicas em que se comprovou que o cérebro cria as imagens em nossas mentes, e não nossos olhos. Cientistas mediram a corrente elétrica produzida pelo cérebro enquanto um indivíduo observava um objeto. Em seguida, pediram para que ele fechasse os olhos e imaginasse o mesmo objeto à sua frente. Com os olhos fechados, as mesmas áreas cerebrais eram acionadas! Essa experiência mostrou que, para o cérebro, "ver" e "imaginar" são a mesma coisa!

Esse resultado é importante porque ajuda a explicar "por que" algumas pessoas têm sucesso e outras não, independentemente de terem nascido de famílias ricas ou pobres.

Dependendo da forma como você vê o mundo, você pode enxergar oportunidades na mesma situação em que seu colega enxergará apenas problemas, e vice-versa. Isso ocorre porque sua forma de enxergar o mundo definirá o modo como você irá se posicionar frente a ele.

Estados emocionais também podem determinar a forma como você vê o mundo. Por exemplo, quando você está apaixonado, tende a ver o mundo de forma mais positiva, a ser mais paciente com pessoas e problemas e, cheio de esperança, a fazer planos de felicidade com sua pessoa amada. Seu estado de espírito está vibrando de forma positiva e você projeta esse bem-estar para o mundo à sua volta.

O mesmo vale para estados emocionais negativos. Vamos supor que você tenha acabado de ser assaltado. Você está assustado e com muito medo. Durante alguns dias, é provável que você projete esse estado de terror, enxergando perigo por todo lado e comentando com seus amigos sobre como o mundo está perigoso. Também ficará desconfiado das pessoas que se aproximarem ou que tiverem qualquer característica parecida com as do assaltante. Um amigo poderá lhe dizer que você está exagerando e você, muito bravo pela falta de compreensão, poderá reclamar que só está dizendo isso "porque não foi com você". Você fica bravo porque seu amigo questiona a sua verdade e você tem fé nela.

Perceba que, durante o período em que você está emocionalmente envolvido com alguma situação, sua realidade passa a ser exatamente aquela, mesmo que o mundo externo não condiga com o que se passa internamente.

Você já deve ter percebido que o poder da fé pode funcionar tanto para nos levar ao sucesso quanto para nos levar ao fracasso. A fé é uma força poderosa que realmente move montanhas. Ela é baseada em uma crença e sentida como verdadeira. É uma verdade sobre a qual não cabe discussão, explicação ou justificativa; você simplesmente "sabe" que é verdade.

Entretanto, algumas pessoas ficam tão envolvidas com os pensamentos e as emoções negativas que passam a acreditar que a vida é realmente limitada, que são pessoas azaradas e que não conseguem sair de alguma situação difícil ou ruim. Ao acreditar nisso, a pessoa usa sua fé contra ela mesma, gerando uma prisão psicológica, e passa a viver essa realidade formada por ela mesma. Quanto mais ela acredita nisso, quanto maior for sua fé nessa ideia, mais difícil será para ela sair dessa prisão.

As únicas pessoas que têm a chave para a libertação das prisões psicológicas são seus próprios criadores. Da mesma forma que criamos ilusões, temos o poder de destruí-las. Entretanto, precisamos buscar a "chave" no lugar certo. A historinha a seguir é engraçada e muito boa para refletir sobre essa questão.

"Um compadre foi visitar outro. Quando chegou, viu o amigo agachado no chão, procurando algo. Perguntou:

— O que está procurando aí, cumpadi?

— Estou procurando uma chave que perdi — respondeu o dono da casa.

— Dêxa eu ajudá, para que lado você perdeu a chave? — perguntou o visitante, já se agachando para ajudar a procurar.

— Lá dentro de casa — respondeu o outro.

— Uai, mas se você perdeu a chave lá dentro, por que é que tá procurando aqui do lado de fora? — o visitante indagou surpreso e curioso.

O amigo respondeu:

— É que lá dentro tá muito escuro, então resolvi procurar aqui fora que é mais claro."

Essa pequena história ilustra a situação das pessoas que perderam a "chave" dentro de si e buscam fora aquilo que só podem encontrar dentro delas mesmas. Chega a ser engraçado, mas é isso que fazemos muitas vezes. Procuramos a felicidade na compra de produtos, carros, motos e roupas e lotamos nossas agendas com compromissos sociais e de trabalho. Não percebemos que agimos da mesma forma que o caipira da história: procurando a felicidade fora de nós mesmos. Não percebemos que a chave da felicidade está dentro de nós mesmos. É a velha história de que "ser" não é igual a "ter". Depois, descobrimos que ter uma coleção de sapatos, bolsas, roupas, etc., não nos libertará de nossas prisões psicológicas. Mergulhar no lado desconhecido de nós mesmos, nos acalentar e nos amar às vezes se torna um caminho tão diferente que dá a impressão de ser um caminho difícil. Quando nos aprisionamos em padrões psicológicos de consumo, nos tornamos escravos deles e, assim, não conseguimos fazer uso do nosso poder de escolha consciente: o livre-arbítrio.

O livre-arbítrio nos permite sair ou permanecer em situações de nossas vidas. Ele permite que façamos as mudanças das quais precisamos, na hora em que as desejamos. Para mudar sua vida, é preciso se posicionar. Decidir com firmeza e afirmar para si mesmo a postura que terá.

Para utilizar a fé a seu favor é preciso alimentar pensamentos, emoções e sensações positivas. pois o que você deseja é positivo para si mesmo. Por uma questão de atração por similaridade, é preciso que haja concordância entre o que se deseja e todo o restante que vem junto (imagem mental, emoções e sensações).

Portanto, é importante que, ao pensarmos no que desejamos, "vibremos" de forma igualmente positiva. Exercícios para agradecer como se já tivesse recebido o que foi pedido ou desejado ajudam muito a melhorar a sintonia da vibração positiva.

Sinais de dúvida, ou falhas na fé, serão apontados justamente nas incoerências entre o que se deseja (pensamento) e o que se sente (emoções) com relação ao que é desejado.

Então, pratique sua fé usando todos seus recursos: agradeça e sorria sempre, seja positivo e otimista com relação a seus sonhos e crie realidades positivas diariamente para que você possa viver dentro delas no presente.

Lembre-se: fé é a capacidade de crer sem ter que ver.

32. Por que é tão difícil modificar positivamente a vida? O que é preciso fazer para mudar?

Parece simples "mudar a chave" de nossas vidas, mas isso requer muita coragem. Muitas pessoas preferem não pensar em suas vidas justamente para não terem que chegar ao ponto de perceber que são as únicas responsáveis pela direção delas. Ter essa consciência e assumir a responsabilidade sobre sua própria vida significa amadurecer.

Infelizmente, o desenvolvimento psicológico nem sempre acompanha o desenvolvimento biológico. Isso significa que algumas pessoas insistem em viver eternamente sua infância. É possível vermos homens maduros comportando-se como verdadeiros adolescentes, assim como mulheres feitas que ainda fantasiam e esperam pelo príncipe encantado. Elas esperam pelo homem lindo, inteligente e rico que resolverá todos seus problemas.

O problema de nos mantermos estagnados na postura infantilizada é que, como crianças, assumimos que somos dependentes, que somos carentes de carinho e atenção e que precisamos de outras pessoas para nos mostrar o caminho e nos dizer o que fazer. A criança, por si só, não tem discernimento para decidir. Portanto, quando nos identificamos com a criança, assumimos essa posição.

Amadurecer significa assumir o papel de adulto responsável que conduz os caminhos. Porém, quando nos recusamos a fazer isso, a vida parece começar a estagnar ou escorregar. Uso o termo *escorregar* porque essa é a sensação que temos quando percebemos que a vida está passando e nós estamos ficando para trás. Dá a impressão que estamos escorregando para os lados e não andando para a frente.

Às vezes, as pessoas evitam tomar decisões porque não estão dispostas a pagarem o preço. Devemos lembrar que toda escolha tem um preço. Ao optarmos por estar em algum lugar, abrimos mão de estar em qualquer outro lugar ao mesmo tempo. Isso significa que, para ganhar, é preciso perder alguma outra coisa.

Algumas pessoas, por medo do novo, preferem permanecer em uma situação que já conhecem e se apegam a pequenos detalhes positivos para justificarem ficar na situação. Ou seja, não perdem, mas também não ganham.

O ser humano tem uma capacidade imensa de se adaptar e, infelizmente, podemos nos adaptar a situações consideradas negativas apenas para nos esquivarmos de situações de confronto em que sejamos obrigados a tomar uma decisão séria sobre nossas vidas.

Há pessoas que arrastam por anos a fio casamentos falidos e relacionamentos infelizes onde o respeito, o amor e o companheirismo já se perderam há muito tempo por não quererem lidar com a chateação da separação, da divisão das despesas e bens, da procura por outro lugar para morar, etc. Além do preço financeiro, existe também o preço emocional. Há família envolvida, amigos, festas de final de ano, etc., e todos serão abalados em caso de separação. Então, para não terem que enfrentar toda essa situação, preferem permanecer como estão.

Esse movimento psicológico de estagnação pode acontecer em diversas áreas da vida, como no plano profissional, por exemplo. Algumas pessoas permanecem fazendo exatamente a mesma coisa durante anos, sem se reinventarem. Não ousam fazer absolutamente nada de diferente, mesmo estando insatisfeitas com a situação.

Uma vez que se submetem ao medo da mudança, o próximo passo é o conformismo. As pessoas tendem a se conformar que a vida é assim mesmo, passam a criar justificativas que legitimem a situação e falas do tipo "quem é feliz cem por cento?", "não existe felicidade total no casamento", etc., passam a fazer parte do dia a dia.

Não estou querendo dizer com tudo isso que as pessoas devam jogar tudo para cima e mudar de vida sem planejamento nenhum.

Ao contrário! Tomar decisões precipitadas pode fazer com que você multiplique os seus problemas.

Algumas pessoas pendem justamente para esse lado, são precipitadas e acabam mudando demais! Mudam de namorado, mudam de emprego, mudam de casa, etc. A mudança exagerada pode ser resultado da ansiedade e assim seria, portanto, uma resposta de fuga e não de que a pessoa está buscando algo. Por exemplo, ao perceber que o namoro não está bom e está na iminência de "levar um fora", a pessoa termina o namoro antes. Ou, ainda, a pessoa termina o namoro assim que a relação começa a dar sinais de "seriedade" e profundidade. No caso do trabalho, a pessoa muda de emprego devido a qualquer insatisfação ou problema fútil. Mudar de emprego não seria a melhor opção, pois o verdadeiro aprendizado não está sendo realizado.

Costumo dizer que a vida nos ensina o tempo todo. Precisamos entender o que estamos aprendendo com as situações para saber se estamos buscando a felicidade ou fugindo de nossos fantasmas. Veja que esses são movimentos totalmente diferentes. Algumas pessoas alcançam o sucesso por puro acaso, ou porque fugiam do fracasso. No entanto, ao alcançarem o sucesso, não sabem o que fazer, pois não estavam preparadas para ele.

Precisamos saber discernir as situações que nos ensinam das situações que já nos ensinaram. Querer mudar no meio das situações que têm algo para nos ensinar significa fugir. É o caso do funcionário que troca de emprego a qualquer chamada de atenção. Talvez a vida estivesse tentando ensiná-lo a desenvolver a paciência, a tolerância e a humildade. Esse funcionário teria, nessa situação, uma oportunidade para desenvolver tais virtudes. Mudar de emprego seria como fugir do aprendizado.

Entretanto, quando você percebe que a questão é justamente o contrário, quando você já conhece e é capaz de adivinhar o que irá acontecer no próximo minuto de seu casamento, vida profissional ou vida financeira, pode ser um sinal de que a mudança seja necessária para seu crescimento. Significa que você já aprendeu o que aquela experiência tinha a lhe ensinar. Pode significar também que o modo como você está agindo não é o adequado. Nesse caso, é preciso que você abra caminhos em sua vida para que possa crescer com novas experiências ou com um novo jeito de ser. Se esse é o seu caso, siga os seguintes passos:

DICAS PARA TOMADA DE DECISÃO CONSCIENTE

- 💡 Pense em quais são seus problemas e liste-os: escreva em um papel quais áreas de sua vida você sente que estão estagnadas e precisam de mudança (profissional, relacionamento amoroso, relacionamento com a família, vida social, saúde, financeira, espiritual, etc). Dê uma nota de 1 a 10, sendo 1 o nível mais baixo de problema e 10 o nível máximo de problema. Tente ser racional ao fazer o exercício. Se deixar o seu estado emocional tomar conta, a tendência será achar que todas as áreas estão comprometidas;
- 💡 Escreva as situações ideais para cada área: confie em sua intuição, pois no fundo você já sabe o que deve fazer para mudá-las. Seja racional. Não crie soluções impossíveis. Inclua o que está dentro de suas possibilidades;
- 💡 Pese as consequências: toda escolha tem um preço. Algumas escolhas extrapolam nossas vidas e afetam outras pessoas. Pense nas consequências para você e para as outras pessoas. Pese o custo financeiro e emocional das mudanças. A mudança vale a pena?
- 💡 Escolha com a alma: o que sua alma diz? Para responder a essa pergunta, lembre-se que você é um ser finito, ou seja, é certo que um dia você morrerá. Sendo assim, quanto tempo em média você tem de vida? Pense na situação de sua vida no momento presente, com todos os seus problemas, e projete-os para daqui a cinco, dez ou quinze anos. Você aguentaria conviver com isso tantos anos mais? Permanecer na situação vale a pena?

- Acolha a decisão consciente: mudar ou não é uma questão de livre-arbítrio. Cada um de nós sabe onde o "calo aperta" e o quanto podemos suportar as situações. É possível que, mesmo após o exercício, você decida não mudar. Se esse for seu caso, respeite a si mesmo. Não se culpe. O mais importante você já fez, que foi tornar a escolha consciente. Uma vez que você tomou a decisão de permanecer na situação, mesmo que não seja a ideal para você, essa é sua decisão. Você deve aceitar que, no momento, é o melhor que pode fazer. Ao acolher a sua própria decisão e aceitá-la como sua, a situação se torna mais suportável e menos sofrida. A tendência é que você pare de se queixar, pois sabe que escolheu permanecer assim e sabe o preço que paga por isso. Agora, se você decidiu mudar, vá para o próximo passo;
- Decida por onde começar. Pegue sua lista de mudanças e faça um planejamento, indo do mais fácil para o mais difícil, definindo a ordem das mudanças. Tenha o cuidado de colocar prazos para elas. Caso contrário, você corre o risco de procrastinar. Comece por questões que você possa fazer sem envolver outras pessoas. Deixe as decisões que envolvem mais pessoas para o final. Prepare o campo. Por exemplo, se deseja mudar de emprego, tente engatilhar outro emprego ou planejar como fará com a questão financeira antes de pedir demissão;
- Caso tenha alguma recaída, lembre-se sempre de seu fator motivador: pergunte-se o quanto vale a sua vida e se vale a pena gastar o seu tempo em uma situação que já não lhe serve mais.

33. Amor tem a ver com motivação?

Sim. A palavra amor, de acordo com o dicionário Aurélio, significa *"sentimento que predispõe alguém a desejar o bem de outrem; sentimento de dedicação absoluta de um ser a outro, ou a uma causa"*. O amor tem uma direção, assim como a motivação tem uma direção a uma meta/causa. Amar a causa significa dedicar-se a ela de corpo e alma.

Pessoas mais evoluídas psicológica e espiritualmente costumam estipular metas motivacionais que também beneficiam outras pessoas. Nesse caso, a energia do amor encaixa como uma luva. Dedicar-se a uma meta pessoal que o deixará muito feliz e que, ao mesmo tempo, beneficiará outras pessoas é um ato de amor para consigo mesmo e para com os demais. Além disso, amplia a importância de sua existência, pois você não vive apenas para si, mas também para os outros.

Alimentar a energia das emoções positivas, como o amor e a alegria, gera muitos benefícios:

- Ajuda a manter a energia da motivação em alta: o sentimento do amor é muito positivo e é parecido com a gratidão, com a felicidade e também com a motivação. O amor traz uma sensação de bem-estar e leveza. Alimentar o sentimento de bem-querer dentro de si ajuda a manter a energia da motivação sempre em alta. Isso é importante quando nos desviamos um pouco das metas. A sensação que o amor proporciona nos faz relembrar do nosso verdadeiro motivo e traz o foco positivo de volta com mais facilidade;
- Seu poder agregador amplia e fortalece a motivação: o amor dá um colorido emocional importante às metas, mesmo que elas sejam materiais. Por exemplo, se quer comprar uma casa maior, você justifica dizendo que o amor por seus filhos e companheira(o) faz com que você deseje maior conforto para eles. Seu amor por eles faz com que você trabalhe com mais afinco e faça sacrifícios, como economizar dinheiro, em função de seu sonho coletivo. A energia agregadora do amor fortalece as convicções;
- Geramos energia positiva no ambiente: nós só podemos dar o que temos para dar. Penso que todas as pessoas gostariam de ser agradáveis e deixar uma marca positiva por onde passam. Pensamentos de amor e bem-querer geram uma "aura" posi-

tiva, fazendo com que nosso espírito e nosso corpo reajam de forma positiva às pessoas e situações, aumentando nossa disposição para comportamentos positivos com relação aos outros. Deixam-nos mais "leves", sorridentes, simpáticos e receptivos, e isso faz com que outras pessoas se sintam atraídas por essa energia e se aproximem. Afinal de contas, é muito mais prazeroso ter a companhia de uma pessoa bem-humorada e alegre do que a companhia de alguém rabugento e mal-humorado;

- Faz bem à saúde: uma pesquisa realizada pelo Dr. Sheldon Cohen e colaboradores, da Universidade Carnegie-Mellon, nos EUA, revelou que emoções positivas podem aumentar a resistência ao resfriado comum. Pessoas com baixo *escore* para o estado emocional positivo tiveram três vezes mais probabilidade de ficarem doentes do que as pessoas com estado emocional positivo mais elevado. Além disso, pessoas com *escores* altos em estados emocionais negativos, quando doentes, tendem a descrever mais sintomas da doença do que as pessoas de *escores* em estados emocionais negativos mais baixos;

- Impulsionam a ação: pesquisas realizadas por Frederickson (2000) indicam que estados emocionais positivos ampliam os domínios daquilo que uma pessoa tem vontade de fazer no momento, enquanto os estados emocionais negativos desanimam as ideias e as ações.

Estados emocionais positivos devem ser alimentados por meio de pensamentos e ações. Você pode alimentar seu estado positivo e ainda despertar o de outras pessoas.

Veja algumas formas:

- Crie o hábito de enxergar o lado positivo das pessoas. Em reuniões de trabalho, por exemplo, mesmo que a reunião seja para comunicar uma notícia negativa, inicie fazendo um elogio para a equipe. Além de ser um prazer receber um elogio, as pessoas gostarão de receber o feedback de que estão acertando em alguma coisa;

- Ao encontrar um amigo de muitos anos, faça um elogio;

- Diga às pessoas à sua volta o quanto você as ama e o quanto são importantes para você. Isso fortalece o vínculo afetivo e desperta emoções positivas nas pessoas ao seu redor. Todos nós gostamos de saber que somos amados;
- Vez ou outra, presenteie seus colegas com presentinhos feitos em casa. Pode ser um bolo ou qualquer outra coisa simples. Presentear é um gesto de carinho e uma forma de mostrar que você pensou nelas;
- Procure estar em meio a pessoas mais positivas, pois isso ajuda a manter seu estado positivo em alta;
- Compartilhe bons momentos com seus amigos, contando fatos e situações positivas;
- Elogie a si mesmo quando fizer algo positivo;
- Tire "fotografias mentais" de momentos felizes para que você possa se lembrar depois;
- Alimente seu desenvolvimento espiritual. A espiritualidade incentiva sentimentos positivos e dá um sentido mais amplo a nossas ações e existência;
- Conte suas bênçãos, os pedidos que fez a Deus e que foram atendidos;
- Adote um exercício de relaxamento para ser realizado durante o dia. Exercícios de concentração e meditação ajudam a manter o espírito calmo e não permitem que entremos na "onda" do estresse.

34. Como é vista a motivação no caso de uma pessoa com depressão?

A depressão é o estado emocional oposto ao da motivação. Enquanto a motivação é o movimento realizado em busca de algo que seja importante para nós, a depressão é justamente a perda do sentido desse movimento.

Todos nós podemos passar por situações difíceis, frustrações, chateações, e momentos depressivos. Entretanto, é preciso diferenciar o senso comum de um diagnóstico clínico. Costumamos utilizar o termo "depressivo" quando estamos tristes ou frustrados com alguma coisa, mas, cientificamente falando, a depressão é um transtorno de humor que causa sofrimento e precisa de tratamento psiquiátrico e psicológico. Ela ocorre quando o pessimismo e a melancolia são sentidos de forma tão profunda e se prolongam a ponto de atrapalhar as atividades diárias — se isso acontece, é preciso procurar ajuda profissional.

Segundo Holmes (1997), o indivíduo com depressão fica melancólico, sem esperanças, triste e "para baixo". Sente-se isolado, rejeitado e não amado. A impressão que tem é a de que tudo está saindo errado e ele não tem o poder de mudar a situação.

Pessoas com depressão normalmente apresentam as seguintes características:

- Autoestima muito baixa: pessoas deprimidas não confiam em si mesmas, consideram-se inferiores, incompetentes e sem valor e culpam-se pelos seus fracassos mesmo quando o erro não foi delas;
- Pessimismo: acham que não conseguirão solucionar seus problemas e acreditam que a tendência é só piorar;
- Baixa motivação: uma vez que não acreditam que têm condições de resolver seus problemas, elas pensam que não há razão para lutar;
- Generalização das atitudes negativas: generalização dos problemas. Tudo parece ser um obstáculo para a pessoa com depressão;
- Exagero na seriedade dos problemas: tal sintoma pode se tornar tão exagerado que o indivíduo com depressão começa a desenvolver delírios. Por exemplo, para ele, uma simples dor de cabeça pode ser interpretada como um tumor no cérebro;
- Pensamentos mais lentos: pouca energia mental para pensar rapidamente e trabalhar ativamente sobre um problema;

- Retardo psicomotor: normalmente, pessoas com depressão movimentam-se de forma muito lenta e encurvada, e parecem fazer um esforço imenso para realizar movimentos simples. Às vezes, até a fala é comprometida, pois elas não têm energia para terminar uma frase;
- Problemas do sono: pessoas com depressão costumam ter insônia ou dormir demais;
- Impulso sexual reduzido: o impulso sexual é um impulso de vida e para a vida (procriação). A perda da libido, além da questão sexual, é a perda do "tesão pela vida";
- Queda da imunidade: aumento da suscetibilidade a doenças por conta do prejuízo do funcionamento do sistema imunológico. Indivíduos deprimidos produzem menos linfócitos (glóbulos brancos), que desempenham um papel importante no combate às doenças.

Dependendo do grau da depressão, é preciso tomar medicação. Por isso, é indicado que consulte um psiquiatra. O tratamento psicológico é indicado em paralelo porque o paciente precisa resgatar a autoconfiança, o autorrespeito, a autoestima e, segundo o psiquiatra e psicólogo Victor Frankl, precisa resgatar principalmente o sentido da vida, que trará de volta a confiança e a fé na vida.

Victor Frankl prestou grandes contribuições ao estudo da motivação humana e foi o fundador da logoterapia. Logos, do grego, significa "sentido", e a logoterapia entende que a busca do sentido da vida seja a principal força motivadora do ser humano. Frankl utilizou sua própria história como objeto de estudo dos processos motivacionais. Frankl foi prisioneiro durante três anos e passou por quatro campos de concentração nazistas. Neles, perdeu sua esposa grávida, seu pai, sua mãe e seu irmão. Durante todos esses anos, Frankl sobreviveu a ambientes desumanos, de restrição total, onde fome, frio, sede e maus-tratos imperavam. Ele se perguntava como tinha forças para sobreviver. O que o motivava a viver?

Frankl, observando seus colegas e a si mesmo, percebeu que alguns prisioneiros, mesmo não estando tão doentes, morriam do dia para a noite simplesmente porque desistiam da vida. Percebeu também que ele mesmo juntava forças para sobreviver porque criava, de tempos em tempos, motivos para continuar vivendo. Toda essa experiência e reflexões foram relatadas em seu livro *Em Busca de Sentido*.

Frankl costumava perguntar a seus pacientes depressivos por que não optavam pelo suicídio e, a partir das respostas dos pacientes, encontrava a linha mestre da psicoterapia. As respostas poderiam ser as mais variadas — "porque tenho um filho", "porque não posso abandonar minha mãe", etc. — mas essas responsabilidades davam ao paciente a oportunidade de se "apegar" em alguma coisa que o mantivesse vivo. A partir dessa linha mestra, o psicólogo ajudava o paciente a criar mais e mais sentidos para viver, reerguendo uma estrutura psicológica que se encontrava "desmoronada".

A terapia de Frankl busca resgatar no paciente aquilo que é essencialmente humano: a liberdade de ir além das circunstâncias, de se responsabilizar por alguém ou por algo e de sentir que transcende a si mesmo, tornando-se melhor a cada dia e sendo íntegro com seus valores apesar das situações.

Como se pode perceber, o trabalho com uma pessoa depressiva é mais difícil e demanda mais tempo, uma vez que a motivação exige, por exemplo, um nível de energia +1, enquanto o paciente encontra-se em um nível -1. Em primeiro lugar, é preciso fazer um trabalho interno com o paciente para que ele sustente a si mesmo e, depois, possa sustentar e realizar seus próprios sonhos.

35. Excesso de motivação pode ser ruim? Existe um nível bom?

Algumas pessoas confundem motivação com euforia. Não é preciso se sentir superfeliz o tempo todo para achar que está motivado. A motivação impulsiona ações. Portanto, o que vale mesmo são as realizações. Nível bom de motivação é quando você percebe que tem energia suficiente para realizar ações relacionadas ao seu objetivo final. Entretanto, nem todos os dias você sentirá o mesmo nível de motivação. Alguns dias serão ótimos, repletos de conquistas e felicidade, mas você poderá se sentir mais cansado ou desanimado diante de algumas situações da vida diária em outros dias. São nesses momentos de desânimo que você deverá aplicar os exercícios ensinados neste livro para relembrar seus objetivos e aumentar a energia da motivação.

Devo enfatizar que algumas pessoas se enganam quando acham que realização significa apenas o produto final ou o projeto pronto. Nada disso. Realização é qualquer ação que poderá agregar valor de forma direta ou indireta ao seu objetivo final. Até mesmo ler um livro pode ser considerada uma realização. Mesmo que o livro não tenha relação direta com seu projeto, a leitura poderá abrir sua mente para novas ideias que enriquecerão seu projeto.

36. O que fazer quando uma pessoa o desmotiva totalmente?

Ninguém tem o poder de tirar sua motivação a não ser você mesmo. Se isso estiver acontecendo com você, é sinal de que está cometendo um grave erro: está colocando seu poder pessoal na mão de outras pessoas.

A energia da motivação representa a sua energia de realização. Essa energia foi criada apenas por você e serve somente a si mesmo. Você manda e ela obedece. Se você determina que outra pessoa tem o controle sobre sua vontade, então é você quem está se colocando em uma situação vulnerável e dependente de outra pessoa. Mas lembre-se, foi você quem determinou.

A dúvida sobre sua própria capacidade faz com que mecanismos enganadores da mente ganhem força. Um dos mecanismos enganadores é você achar que não tem força sobre as situações e que é, portanto, vítima das circunstâncias. Ora, para que haja vítima, é preciso que haja um algoz, um culpado. Então, você se coloca em posição de vítima e elege um culpado para justificar seu medo e confirmar a ilusão de sua própria mente.

Dessa forma, você cria e entra em um ciclo vicioso que não o faz crescer. Em vez de buscar soluções para os problemas, de modo que possa crescer e melhorar, você passa a buscar justificativas para confirmar suas crenças errôneas de que alguém tem o poder de tirar sua motivação e deixá-lo desanimado.

Não se iluda. Faça uso positivo do seu livre-arbítrio. Decida o que pensar e como pensar de modo que seja positivo e construtivo para sua vida. Alimente a força positiva existente dentro de você e não permita que alguém retire sua capacidade de realizar seus sonhos.

37. Por que algumas pessoas nos fazem sentir cansaço ou falta de energia simplesmente com sua presença?

Algumas pessoas ou situações realmente "sugam" a nossa energia. Produzimos energia para a manutenção do corpo diariamente. A energia motivacional seria a energia "extra" produzida para realização de atividades específicas, ou seja, para as realizações dos projetos.

Parte da energia produzida pelo corpo vem através dos alimentos. A outra parte, principalmente a parte qualitativa, é formada por nós mesmos, por meio de pensamentos, emoções e sentimentos. O diferencial do ser humano evoluído é saber criar e manipular sua própria energia para benefício próprio e do mundo, sem depender apenas da energia adquirida por meio dos alimentos.

Cada pensamento criado em nossa mente é capaz de gerar energia. Quanto mais firme, intenso e persistente for o pensamento, ou seja, quanto maior for a intenção, mais forte será essa energia e maior será o impacto que ele terá sobre a realidade.

Algumas pessoas conseguem criar energia, canalizá-la e realizar ações com mais facilidade do que outras mesmo sem terem tido nenhuma informação anterior com relação a isso. Essas pessoas são diferentes porque possuem metas claras e objetivas e pensam com frequência em suas metas e em como concretizá-las. Isso faz com que grande parte da energia produzida por seus pensamentos não seja desperdiçada, mas sim direcionada e transformada em realidade.

Essa energia criada permeia o nosso espaço pessoal. Ela forma a nossa aura de energia. A aura tem uma vibração, que será boa ou sutil se a maioria dos pensamentos e sentimentos for de qualidade superior (ex: pensamentos de paz, prosperidade, gratidão, entre outros). A vibração será negativa ou densa se a maioria dos pensamentos e sentimentos girar em torno de temas violentos, brigas, intrigas, reclamações, fofocas, etc.

Isso explica por que, mesmo sem dizerem uma única palavra, sentimos a sensação agradável de permanecer ao lado de algumas pessoas, enquanto sentimos repulsa por outras pessoas que nem ao menos conhecemos.

A atração e a repulsão são determinadas pela lei da semelhança. Energias semelhantes se atraem e isso faz com que nos aproximemos ou atraiamos pessoas e/ou situações que estejam vibrando de forma semelhante.

Algumas pessoas que têm dificuldade de produzir energia positiva (motivadora) acabam sugando a energia dos outros. No entanto, elas não o fazem por mal — na maioria das vezes, esse fenômeno ocorre de forma inconsciente. São os chamados "vampiros energéticos".

É muito comum pensarmos que somente as outras pessoas são vampiros energéticos, mas, como o processo é inconsciente, todos nós podemos agir como vampiros de vez em quando.

Uma das formas mais comuns de vampirismo ocorre quando um amigo pede para conversar e começa a contar as várias desgraças que estão acontecendo na vida dele. Você, ouvinte, estando totalmente desprotegido energeticamente, acolhe as informações, entra na história e passa a sentir pena, tristeza, raiva, ou qualquer outro sentimento despertado pela história. Algumas pessoas chegam a "comprar a briga" pelo outro. Emoções são energias. Ao despertar emoções, você joga no ambiente sua energia vital, que é prontamente sugada pelo vampiro. É por isso que, muitas vezes, você se sente cansado logo após ouvir o desabafo de alguma pessoa amiga. Inconscientemente, ela sugou sua energia. Isso não significa que ela seja uma pessoa má, uma vez que ela não tinha essa intenção. Significa apenas que você não soube se defender do ataque inconsciente. Também não estou dizendo que devemos ser insensíveis, longe disso! O que quero dizer, unicamente, é que precisamos nos defender de ataques conscientes e/ou inconscientes, poupando nossa energia para o que realmente importa.

Outra forma de vampirismo é realizada por meio da inveja. A inveja é o desejo de ter algo ou ser alguém. O vampiro lança, por meio de pensamentos e sentimentos, uma espécie de gancho energético em direção à pessoa possuidora do objeto ou da situação desejada. É o chamado "olho gordo" no ditado popular. O vampiro terá sucesso caso a vítima não tenha se protegido previamente desse tipo de ataque.

Outra situação muito comum é aquela em que a própria vítima se coloca à mercê do vampiro. Isso acontece, por exemplo, quando contamos a alguém uma situação que nos tenha irritado ou nos desapontado muito. Ao contar a história, o sentimento de raiva reaparece. Cada vez que manifestamos uma emoção, uma descarga energética extra sai do nosso corpo e assim abrimos canal para o vampirismo. Vampiros se alimentam dessa energia jogada para o ambiente e incentivam que continuemos produzindo a energia. Eles comentam "é mesmo? E o que mais aconteceu? Conte mais!" e parecem realmente gostar da história. Ao incentivar a raiva do outro, o vampiro vai se alimentando da energia da vítima.

A seguir, darei algumas dicas sobre como se proteger dos vampiros energéticos e evitar que você aja como um. O exercício a seguir não está relacionado a nenhuma religião, então você pode utilizar seu mentor (Deus, Jesus, Ser Supremo, Buda, mestres, anjos, etc.) de acordo com sua crença.

Todos os dias, antes de sair de casa, proteja-se criando em torno de si uma bolha protetora. O procedimento é muito simples. Em postura de oração, mentalize a bolha de proteção e peça para seu mentor: *"Oh Deus todo poderoso existente em meu coração, trace em torno de mim uma bolha de luz protetora. Torne-a tão potente que nada de mal possa penetrar. Torne-me invisível, invencível e invulnerável a tudo o que não seja o seu amor, o seu poder e a sua sabedoria. Obrigado, Deus todo poderoso, por atender ao meu apelo."* Ao fazer a oração, imagine uma bolha de luz muito brilhante sendo criada, formando um escudo protetor onde nada de mau entra, mas o amor é capaz de sair. Dessa forma, você se mantém protegido de ambientes e pessoas "carregadas" ou negativas.

Outras dicas importantes:

- Ao contar uma história para alguém, primeiro pense se realmente há necessidade de falar sobre aquele assunto. Muitas vezes, comentamos coisas desnecessárias apenas pelo hábito de fofocar ou falar mal de alguém. Lembre-se que, ao despertar as emoções, lançamos energia extra para o ambiente. Por exemplo, se a tristeza for despertada em você, é você quem se colocará à mercê de um provável vampiro. O contrário também pode acontecer: ao induzir a emoção no colega, você pode estar atuando como um vampiro, sugando a energia que ele descarrega;
- Mesmo pessoas que se mostram sempre felizes são alvos de vampiros. Por isso, é importante traçar a bolha de proteção antes de sair de casa;
- Ao passar por uma situação ruim, como uma injustiça, tente refletir sobre o que aconteceu e qual a lição a ser aprendida por meio daquela ocorrência. Tente amenizar a emoção negativa trabalhando a energia do perdão;
- Não fique neurótico com essa história de vampirismo energético. Trate do assunto como algo natural. Apenas se proteja e confie. O medo não é uma emoção que deve ser incentivada;
- Tente eliminar o sentimento de culpa, pois ela não nos deixa pensar e aprender com erros e ocorrências da vida, além de trazer emoções desagradáveis e desgastantes. Trabalhe perdoar a si mesmo;
- Desenvolva a confiança em si mesmo. Isso ajuda a proteger seu campo energético. Ao orar, focalize sua atenção na região do coração. Essa energia fortalecerá sua confiança.

38. O que fazer quando não se tem motivação para o trabalho, mas precisa do salário?

É comum perder a motivação, principalmente quando não se tem o hábito de trabalhar metas de médio e longo prazo. Quando se trabalha sem ter uma razão maior do que o salário, é natural que se sinta mal.

Acredito que nenhum ser humano gostaria de resumir sua existência a "trabalhar, trabalhar e trabalhar apenas para ganhar um salário no final do mês a fim de pagar as contas". Acredito que o ser humano queira algo além do salário. O ser humano deseja deixar sua marca no mundo e é por isso que deseja ter filhos. Ele deseja perpetuar, através de sua prole, a sua marca.

É por essa razão que o trabalho tem um papel importante na vida do homem, pois é através do trabalho que mudamos o mundo e deixamos a nossa marca. Através do trabalho, realizamos projetos. Não de qualquer jeito, mas de uma maneira especial, ou seja, da nossa maneira. Atendemos clientes e, com um sorriso ou uma palavra, mudamos o dia de uma pessoa. Também podemos mudar a vida de uma pessoa, salvando vidas, por exemplo. Enfim, o trabalho é um caminho especial porque, além de nos permitir mudar o mundo do nosso jeito, também nos permite lapidar grandes virtudes humanas como a paciência, a perseverança, a humildade, a coragem, etc., tornando-nos pessoas melhores.

Se você não sente prazer/motivação no seu trabalho, precisa resgatar o objetivo maior de sua vida. A questão não é o trabalho em si, mas a forma como você o executa. Se você realiza seu trabalho com amor, alegria e dedicação, é essa marca que você está deixando no mundo. É dessa forma que as pessoas com as quais tem contato se lembrarão de você.

A questão motivacional é interna. Não adianta apenas mudar de emprego se você não mudar a forma de pensar. Você só colecionará uma quantidade maior de empregos, porém sem qualidade nenhuma. Lembre-se: seus pensamentos determinam suas ações. Controle seu pensamento, pois ele controlará seus sentimentos e comportamentos.

Quando em situações difíceis, em vez de se sentir chateado, pergunte a si mesmo: "Que virtude estou tendo que desenvolver por meio dessa situação? Paciência? Perseverança? Humildade? Coragem?".

Criar sentido para as situações é a grande chave para a motivação. Se você não enxerga nenhum sentido no seu trabalho, não será o dinheiro que lhe proporcionará isso. Não jogue em situações ou pessoas aquilo que é responsabilidade sua. Você é o criador da sua realidade e pode mudá-la no momento que quiser.

39. Como posso me sentir feliz em meio ao caos da minha vida?

Não se misturar ao que não pertence a você é uma habilidade que deve ser desenvolvida e praticada constantemente. Você precisa se lembrar que é você quem manda em seu mundo interno, e ele determinará a forma como você reagirá ao mundo externo. Nem sempre temos controle sobre os acontecimentos do mundo exterior, mas sempre podemos controlar os acontecimentos internos.

Consideramos momentos difíceis aqueles em que as situações externas não condizem com nossa vontade ou com nossos planos: problemas financeiros, de saúde, familiares e de relacionamentos, enfim, qualquer tipo de problema pode ser interpretado como algo difícil, pois traz momentos difíceis.

No entanto, é exatamente nos momentos difíceis que aprendemos as grandes lições da vida. Momentos difíceis ajudam a firmar o propósito e a perseverar. É preciso ter sabedoria para compreender os ensinamentos trazidos pelos momentos difíceis. A vida é feita de ciclos e esses ciclos estão em eterno movimento. É como surfar nas ondas do mar: por alguns momentos, você está lá em cima e é tudo lindo, mas, de uma hora para a outra, você está debaixo d'água e tem que se esforçar para subir até a superfície. É impossível permanecer o tempo todo na "crista da onda".

Trabalho e Motivação

A vida é uma grande escola. Aprendemos tanto nos momentos fáceis quanto nos difíceis. Sabedoria significa aprender com a experiência. Se passamos pela experiência sem aprender absolutamente nada, então ela foi em vão. Nossa falta de consciência provavelmente nos colocará em uma situação parecida até que aprendamos a lição.

Se a sua vida está um caos nesse momento, pare para pensar sobre as situações da sua vida.

Perceba se:

- Essa situação se repete muito em sua vida. Você pode estar dentro de um ciclo vicioso causado por crenças negativas e inconscientes. Nesse caso, a lição a ser aprendida é a da libertação da mente. Você deve aprender a resgatar a autonomia e força de sua mente e a fé em si mesmo. Veja também as **perguntas 16 e 17**;
- Você se desanima fácil. Nesse caso, a lição a ser aprendida é a do desenvolvimento da automotivação e da perseverança. Você deve aprender a alimentar pensamentos e sentimentos positivos, inspirados por suas metas de vida. Desviar o foco da meta principal causa desmotivação. Veja também as regras da mente nas **perguntas 11 e 14**;
- Se você tem vontade de desistir sempre que passa por situações difíceis, talvez esteja fracassando em sua vontade. A lição a ser aprendida é a de desenvolver a virtude da vontade. Sem vontade, você dificilmente conseguirá transformar seus projetos em realidade e correrá o risco de sucumbir a cada obstáculo que surgir em sua vida. Leia a **resposta 18**.

Por fim, aprenda a não fazer parte do problema. Separe você mesmo dos problemas que você tem no momento. Lembre-se: você está com o problema, mas você não é o problema. Algumas pessoas vivenciam seus problemas de tal forma que chegam a carregá-los para todos os lugares e acabam se tornando chatas porque só pensam e falam sobre isso. Estão tão impregnadas por seus problemas que acabam se tornando o próprio problema. Como só podemos dar ao mundo aquilo que temos para dar, então quem está "cheio" de problemas só terá problemas para compartilhar.

A dica é: desapegue-se dos seus problemas e analise-os à distância. Esse distanciamento fará com que você se afaste emocionalmente dos seus problemas e permite que seu lado racional comece a funcionar. Espernear, reclamar, xingar e maldizer não resolverão o problema. Em alguns casos, você perceberá que não tem absolutamente nada que você possa fazer para solucionar o problema e não haverá outra saída a não ser esperar. Talvez aí a lição seja exercitar a paciência.

Para que você consiga manter o nível de energia positivo durante os momentos de crise, faça o exercício da gratidão que está descrito na **pergunta 15**.

Faça o exercício agradecendo as coisas boas que você já tem em sua vida. Nem tudo é negativo. Agradeça a oportunidade de aprender. Peça ao Ser Supremo para que o ajude a compreender a razão dessa experiência e o acompanhe, dando-lhe forças para superar esses momentos difíceis.

40. Sofri uma grande decepção: estava em plena ascensão profissional e fui demitido do cargo de gerente. Depois disso, não consegui resgatar a motivação. O que devo fazer?

Esse tipo de sofrimento é muito comum, principalmente para aqueles que possuem pouco autoconhecimento. Freud chama de **ego ideal** as projeções que fazemos sobre nossa própria imagem, mas que não correspondem a nós, e sim às nossas necessidades, ou seja, "o que nós gostaríamos de ser". O ego real é aquilo que realmente somos. Em algumas situações, a discrepância entre o ego ideal e o real é tão grande que a pessoa acaba distorcendo a realidade para que ela se "encaixe" em suas idealizações.

Além disso, ocorre uma perda de energia psíquica muito grande para manter a proximidade com o ego ideal, principalmente se o ego ideal for muito discrepante do ego real. Tentar passar a imagem daquilo que você não é, é desgastante e difícil, pois é preciso reafirmar o tempo todo não só para as pessoas, mas também para si mesmo.

Por exemplo, imagine uma pessoa que, quando criança, tenha passado por situações em que se sentiu vulnerável, indefeso, inseguro, etc. São sensações muito ruins e que ela não gostaria de sentir novamente. Então, por um mecanismo inconsciente da psique e para evitar que passe pelas situações negativas novamente, a pessoa cria a imagem de si mesmo da forma como gostaria de ser: alguém forte, potente, poderoso, invencível e independente. E se identifica com ela, ou seja, passa a achar que essa imagem criada é ela mesma. Entretanto, a insegurança, a baixa autoestima, etc., ainda estão lá, escondidas no subconsciente.

Identificada com a imagem da pessoa forte e poderosa, ela passa a fazer escolhas que correspondem a essa imagem. Normalmente, posições de liderança são desejadas porque asseguram o poder e dão status e respeito, ou seja, tudo aquilo que, no fundo, a pessoa não tem por si mesma. Quando a realidade lhe dá o que ela não dá a si mesma, existe temporariamente uma sensação de bem-estar. Enquanto tudo estiver bem, enquanto estiver no poder e enquanto houver pessoas que a bajulem, essa pessoa se sentirá bem. O problema ocorre quando algo "quebra" o cenário de perfeição. Um exemplo é a demissão. Uma demissão, em um caso como esse, é sofrida como se fosse o "fim do mundo", porque o que está em jogo não é apenas o salário, mas tudo o que vem junto com o cargo: prestígio, respeito e atenção das pessoas. Além disso, e ainda mais importante, a demissão escancara a realidade de que a pessoa não é tão poderosa assim. Isso traz à tona todo o sentimento de vulnerabilidade, dúvida sobre si mesmo e baixa autoconfiança.

É possível observar esse tipo de situação no caso das celebridades instantâneas. Muitas delas sofrem de depressão tão logo o *boom* da fama acaba. Nesse caso, a projeção das pessoas desperta a imagem do ego ideal e, na tentativa inconsciente de esconder suas carências, se identificam com a projeção que as pessoas fazem delas. Entretanto, existe uma grande diferença entre o que as pessoas pensam sobre nós e o que nós realmente somos. No caso das celebridades, a partir do momento em que as pessoas deixam de manifestar seu interesse por elas, é como se lhe tirassem o chão. É como se o mundo desmoronasse, e junto com isso vem a sensação de fracasso e todo o sentimento de inferioridade que já existia.

A depressão, conforme explicado na **pergunta 34**, é a falta de sentido. Como as escolhas foram feitas sob a identificação do ego ideal, essas pessoas perderam a referência de si mesmas. Para resgatar a motivação é preciso resgatar antes o "eu": quem sou, do que gosto, o que é importante para mim (e não para os outros). Perguntas como essas precisam ser respondidas. É preciso reconstruir o que foi desmoronado.

Se por acaso você se sente assim, desiludido com as pessoas e com a vida, talvez precise procurar dentro de si mesmo o que insiste em buscar fora. Ninguém poderá lhe dar respeito, confiança e amor se não der isso para você mesmo. Você precisa encontrar o seu valor, se amar, se aceitar com todos os seus defeitos, respeitar seus limites e aprender a viver pequenos momentos com muita alegria. Quando seu mundo interno estiver inteiro novamente, cheio de alegria e esperança, aí sim estará em uma fortaleza onde nada nem ninguém poderá destruí-lo.

41. O que fazer quando a motivação da sua vida morre?

É um grande erro colocar a razão da nossa existência nas mãos ou na existência de outra pessoa. O ser humano é um ser único. Por mais que convivamos em sociedade, devemos lembrar que somos seres individuais. Cada pessoa recebeu uma vida e é responsável por ela, o que significa que cada um deve viver por si. Pode parecer pouco romântico, mas viver em função do outro não é nada sábio ou saudável. Isso porque, se você não for capaz de cuidar de si mesmo, não será capaz de cuidar do outro. Em outras palavras, se você não consegue se relacionar saudavelmente consigo mesmo e com sua própria existência, não conseguirá ter uma relação saudável com outra pessoa.

O apego demasiado a uma outra pessoa não é nada saudável por se tratar de uma relação de dependência. Em casos extremos, a dependência pode se transformar em vício. Assim como há pessoas viciadas em cocaína, crack, álcool, fumo, açúcar e sexo, há também as pessoas viciadas em outras pessoas. Da mesma forma que viciados se relacionam com as drogas, elas se relacionam com pessoas. O vício, qualquer que seja, aprisiona o viciado de tal forma que sua motivação acaba se resumindo ao próximo trago, à próxima cheirada, à próxima sensação de prazer ou ao próximo encontro com a pessoa amada.

A relação de dependência muitas vezes sufoca o ser amado e o próprio ser que ama. É possível perceber que a relação raramente é positiva para ambos, e nem poderia ser, pois o amor é um sentimento que liberta, enquanto o vício aprisiona. Sendo assim, esse caso está longe de ser amor e está muito mais próximo da obsessão.

A relação baseada na dependência definitivamente não é uma relação de amor, mas sim de dor. O vício muitas vezes mantém o adicto aprisionado em situações negativas para ele mesmo. Ele simplesmente não consegue se libertar da situação, não consegue ficar longe do ser amado e, assim como um viciado em drogas, acaba por consumir o amado criando expectativas e se frustrando em seguida, sofrendo e tentando controlá-lo de forma ativa ou passiva, sempre na esperança de que o ser amado não o deixará e de que um dia reconhecerá o seu esforço. Entretanto, mesmo quando há destrato moral e até mesmo físico, o dependente não consegue sair da relação negativa.

A solução para esse tipo de problema é que a pessoa busque desenvolver o amor dentro de si mesma. O adicto está tão envolvido e tão iludido com o vício que está fora dele que se esquece que aquilo que realmente procura está dentro de si mesmo, ou seja, sua própria luz, seu amor-próprio. Ele precisa resgatar a consciência de que é ele mesmo que manda em sua vida, e não o vício. Quem determina sua felicidade é ele, não o vício, não a outra pessoa.

Quando percebe isso, ele passa a construir sua vida a partir de seus próprios referenciais. Por meio de escolhas conscientes, não compulsivas ou obsessivas, pode-se ver a aplicação do livre-arbítrio. Somos seres livres para criar e modificar nossas vidas da forma que quisermos. Ser escravo de um vício é abrir mão do nosso bem mais precioso, a nossa liberdade de escolha.

Se você por acaso passou ou está passando pelo luto de alguém muito querido, saiba que não perdeu ninguém, pois não se pode perder o que não se tem. Ninguém é dono de ninguém. Ninguém possui ninguém. As pessoas são livres e podem sumir de nossas vidas a qualquer momento. E isso nos faz refletir sobre a questão da morte. Deve existir uma razão muito boa para que ninguém passe isento da morte. Todos nós iremos morrer e todos nós iremos sentir a dor do luto de uma pessoa querida.

Talvez não escapemos da morte porque ela nos ensina muito. Nos ensina que somos seres finitos e, portanto, temos um prazo para cumprir nossa missão, nossa jornada de vida, e para deixar nossa marca no mundo. Pergunto a você: que marca você está deixando no mundo? Algumas pessoas reclamam o tempo todo, fazem maldades e prejudicam os outros e o meio ambiente. Essas pessoas deixam um rastro de más relações e destruição por onde passam. Outras estão sempre de bem com a vida, e de suas bocas saem sempre palavras bonitas de amparo, motivação e suporte. São pessoas que acolhem quem necessita, que tomam iniciativa e que oferecem o melhor que têm para dar. Essas pessoas deixam uma marca positiva na vida de todos que cruzam seus caminhos. E você, que marca está deixando?

Saber que as pessoas não duram para sempre também nos faz pensar que é preciso certo esforço para manter as boas relações. É preciso coragem para enfrentar as divergências, superar o orgulho, as mágoas e as raivas, perdoar e seguir em frente da melhor forma possível com as pessoas que nos são queridas. Elas valem esse esforço e, ao superar as divergências e os mal-entendidos o mais rápido possível, temos mais tempo para compartilhar dos momentos bons da vida. E você, como andam as suas relações? Você carrega muitas divergências? Se sim, talvez esteja na hora de retirar de sua vida os pesos que não precisa carregar. Simplesmente perdoe. Perdoe também a si mesmo pelos maus pensamentos que sobrecarregaram o seu corpo com a raiva, a mágoa e o rancor. Perdoe a si mesmo pelas palavras e ações que geraram mal-estar, tristeza, raiva e destruição. Perdoe as pessoas que o fizeram sofrer. O passado não volta para ser alterado. O que aconteceu já passou. Cabe a você escolher como viverá o seu futuro com o tempo de vida que lhe resta.

Nossa consciência da finitude também nos faz pensar que temos que ser práticos para tomar decisões importantes em nossas vidas. Procrastinar demais não ajuda a viver melhor. Ao contrário, perde-se tempo de vida, outro bem precioso. Não gaste seu tempo de forma irresponsável. Tempo gasto é tempo que não volta mais. E isso também nos faz pensar que é preciso viver bem o momento presente, pois, além de não sabermos até quando iremos viver, é só no momento presente que podemos vivenciar as grandes experiências da vida. Amor, felicidade, motivação, tristeza, alegria, medo ou qualquer outro estado de espírito só são possíveis de vivenciar no momento presente. Viva cada segundo como se fosse o último. Ame intensamente. Ria. Chore. Quando estiver com alguém, esteja 100% com essa pessoa. Evite pensar em outra coisa enquanto estiver com ela. Curta essa pessoa da melhor forma possível, seja ela quem for. A mesma coisa se dá no trabalho. Se você determinou que trabalharia por oito horas seguidas, então dedique-se

100% àquilo. Evite pensar em outra coisa. Concentre-se e se entregue à atividade.

Não traia a si mesmo. Muitas pessoas se preocupam demasiadamente com a traição amorosa de alguém, mas se esquecem de que são as primeiras pessoas a se traírem. Traímos a nós mesmos toda vez que determinamos fazer alguma coisa como, por exemplo, assistir a uma aula ou palestra, mas ficamos lá apenas de corpo presente, pois a mente está em outro lugar. Se você não está prestando atenção, então não há presença. Se você disse para seu filho que passará 10 minutos com ele e passa os 10 minutos apenas de corpo presente, com o pensamento em outra coisa, então não está com seu filho. Portanto, pare de se preocupar com a traição do outro e passe a observar a si mesmo para ver quantas vezes você se trai durante o dia. Viver bem é viver consciente. Viver consciente é estar presente em cada momento da vida, fazendo escolhas conscientes.

A morte também nos ensina que viver esses momentos intensos e conscientes com as pessoas amadas é muito importante e você percebe isso principalmente quando elas se vão. A sensação de que ficou algo para ser dito ou feito surge quando vivemos de forma mecânica. Quando a pessoa amada se vai, não há retorno, não há como dizer ao morto as palavras que não foram ditas em vida.

Se esse é o seu caso, se a pessoa que você tanto amava se foi, então talvez este seja o momento para você não deixar mais nenhuma oportunidade escapar. Se não pôde manifestar o amor como gostaria, faça-o agora com as pessoas que ficaram. Se gostaria de ter feito mais, faça pelas pessoas que ainda estão com você. É isso que a morte ensina. O tempo é o agora. Se quer fazer algo, faça. Se quer dar amor, dê agora.

É importante cultivar momentos positivos com as pessoas que amamos porque, quando elas se vão, deixam um vazio imenso dentro de nós. Tal vazio só poderá ser preenchido com as boas lembranças que tivermos da pessoa amada. Quanto mais momentos positivos, melhor serão preenchidos os espaços. Portanto, não perca tempo, cultive muitos momentos positivos com as pessoas que ama e, em vez de se sentir em falta pelo que não fez ou não disse, seja grato pela lição aprendida. Essa experiência lhe serviu para compreender que o amor deve ser vivido no momento presente.

Outro aprendizado é que o amor liberta e o desprendimento faz parte do amor. Estamos aqui apenas de passagem. Tudo ficará: nosso corpo, nossos familiares, nossos bens materiais. Não levaremos nada desse mundo físico. Portanto, permita que a pessoa morta vá em paz, liberte-a e agradeça pelos bons momentos que viveram juntos. Saudade é o amor que fica: guarde as boas lembranças em seu coração, e elas se encarregarão de suprir o vazio que o ser amado deixou. Assim, você carregará em seu coração a parte boa da experiência e poderá dizer que viveu essa experiência com sabedoria.

42. Quando as coisas não acontecem da forma prevista, fico muito frustrado e demoro para resgatar a motivação. O que devo fazer?

A frustração é resultado de expectativas criadas em relação a pessoas e situações que não aconteceram. É natural que o ser humano fantasie situações desejáveis e é até saudável que ele utilize sua imaginação, pois isso aguça processos criativos. O problema acontece quando há apego às fantasias e desejos e não se aceita o mundo real. É aí que surge o sofrimento.

O psiquismo infantil ainda é imaturo, por isso vive mais no mundo da fantasia do que na realidade. Quando uma criança deseja um brinquedo, para ela não existe um fator impeditivo como a falta de dinheiro, ela quer e pronto. Ela não consegue lidar com os problemas da realidade. Por isso, é comum ver crianças fazendo manha em supermercados, gritando, chorando e esperneando. Elas não conseguem tolerar a frustração de não ter o brinquedo desejado.

Conforme vamos amadurecendo, nosso egocentrismo diminui. Percebemos que o mundo não gira à nossa volta e que existem limitadores para nossos desejos. Também percebemos que não dá para fazer tudo e ter tudo na hora que quisermos. Começamos, então, a ter uma percepção maior da realidade e aprendemos a lidar com ela.

Um dos geradores da frustração é a projeção. Por exemplo, a paixão, comum no início de todo relacionamento amoroso, é uma projeção do ser que ama no ser amado. A pessoa que ama projeta suas necessidades e admirações e cria expectativas de que o outro irá preencher suas carências. É óbvio que, cedo ou tarde, virá a frustração, pois o ser amado não é uma projeção, mas sim uma pessoa que possui desejos e vontades próprios. Sendo assim, qualquer comportamento ou tomada de decisão do ser amado que não combine com a projeção criada será considerada uma traição. E aí ouvimos queixas do tipo "como pude ser tão cego?", "como pude me deixar enganar?", etc.

Também é comum criar expectativas no trabalho. Por exemplo, quando uma vaga é aberta, podemos pensar que seremos promovidos. O desejo logo desperta e começamos a nos imaginar com mais dinheiro e mais status, podendo trocar de carro, comprar roupas novas, ter uma vida mais confortável, etc. Às vezes, entramos na fantasia de tal forma que nos desvinculamos da realidade. Não percebemos, por exemplo, que não nos preparamos para o cargo, que não temos conhecimento suficiente ou que não temos perfil para liderança, entre outros motivos. Então, quando percebemos que a vaga foi preenchida por outra pessoa, somos devastados pela frustração.

A frustração é manifestada pela raiva e pela tristeza. Assim como a criança espernei quando não consegue o brinquedo desejado, o adulto imaturo xinga, fala mal e faz birra, pois é a forma que tem de demonstrar sua insatisfação. Depois, ao perceber que a realidade não muda, vem a tristeza junto com o sentimento de impotência e, assim, se torna queixoso e escravo daquilo que não tem. O frustrado, por imaturidade, nunca assume a responsabilidade por suas frustrações. Ele sempre coloca a culpa no outro.

Então, o que é ser saudável? **Ser saudável é ser maduro.** É ser menos egocêntrico. É entender que não se tem controle sobre sentimentos, situações, personalidades e jeitos de ser de outras pessoas. É ser tolerante às frustrações, o que não significa ser passivo, mas sim saber sonhar mantendo os pés na realidade.

A tolerância à frustração fortalece o espírito, desenvolve a maturidade e amplia o aprendizado. Grandes empreendedores passaram por inúmeras frustrações. A diferença entre o frustrado eterno e o vencedor é a forma como eles lidam com a frustração. O primeiro sucumbe, enquanto o segundo supera.

Se você sofre muito com a frustração de suas expectativas e demora tempo demais para se recuperar, faça o seguinte exercício:

COMO LIDAR COM AS FRUSTRAÇÕES

- Tente se afastar emocionalmente da situação. Escreva em um papel a situação frustrante. Escrever ajuda a tornar a questão mais objetiva e racional;
- Identifique a causa da frustração. Foi o comportamento de alguém? Foi a impossibilidade de conseguir algo?
- Agora escreva as interpretações que você consegue dar para a situação;
- Tente imaginar outras formas de interpretar a mesma situação, ou escreva interpretações de pessoas que conversaram com você;
- Escreva as evidências que você tem para suas interpretações. Que dados reais você possui para sustentar suas interpretações?

> 💡 Tente criar caminhos alternativos para alcançar seu objetivo. Se sua frustração está relacionada à questão profissional, busque feedbacks para descobrir onde está errando. Se a questão é emocional, repasse mentalmente a situação e tente um caminho diferente para solucioná-lo. A comunicação é sempre uma boa alternativa, pois ninguém sabe o que se passa dentro de você. Às vezes, se expressar facilita o processo de resolução. Mulheres tendem a criar expectativas com relação ao comportamento dos homens e acabam se frustrando por acharem que o homem tem a obrigação de adivinhar suas vontades. Sempre aconselho que aprendam a dizer o que desejam, a fim de evitar frustrações. Se deseja que alguém lhe ajude, peça ajuda. Agindo dessa forma, você evitará algumas frustrações.

Por fim, se as coisas não saírem da forma como você imaginava, procure lidar com a realidade. É claro que você pode se lamentar, chorar e se chatear, mas a questão é: até quando? Determine um tempo para se "levantar, sacudir a poeira e dar a volta por cima". Lembre-se do seu objetivo principal. Observe o cenário que a realidade lhe apresenta. A partir daí, como se começasse em uma situação completamente nova, siga em frente, perguntando a si mesmo o que poderá fazer melhor, o que foi aprendido com a situação antiga e como poderá melhorar seu desempenho para atingir o que precisa.

43. É possível motivar outra pessoa?

Não, mas é possível despertar a motivação de uma pessoa para algo que ela considera importante. Entretanto, isso só acontecerá se o que for oferecido estiver de acordo com a necessidade dela. Por exemplo, se uma pessoa tem necessidade de reconhecimento social, um programa de carreira oferecido pela empresa lhe parecerá atraente. A projeção social inspirará sua motivação para desenvolver habilidades e buscar resultados concretos.

O despertar da motivação alheia depende também da habilidade de comunicação de quem deseja despertar a motivação. É preciso criar um sentido para se atingir determinada meta. Sem a formação de sentido raramente se conseguirá um resultado positivo. A motivação só funcionará caso a pessoa queira realizar a ação, e ela só agirá caso faça sentido para ela.

44. Ouvi dizer que motivação e satisfação são coisas diferentes. Você poderia explicar melhor?

Realmente são coisas diferentes. A satisfação está relacionada a fatores que suprem as necessidades básicas. No caso das empresas, por exemplo, seriam aspectos como um ambiente com boas condições de trabalho, boa temperatura, cadeira confortável e bom computador. Também podem ser incluídos benefícios como seguro de vida, plano de saúde, etc.

Entretanto, o funcionário pode sentir-se satisfeito com o ambiente de trabalho e com os benefícios que a empresa oferece, mas pode não estar motivado. A motivação tem a ver com o impulso interno que leva o funcionário a vencer desafios e a superar dificuldades para atingir as metas lançadas pela organização. É por isso que satisfação e motivação não tem o mesmo significado.

45. Como uma empresa pode motivar e não apenas manter o funcionário satisfeito?

Todo ser humano tem um desejo inato de crescer e melhorar como pessoa. Mesmo que o indivíduo apresente dificuldades para isso, o desejo de crescer existe dentro dele. Incentivar o crescimento, a confiança e a autonomia, conforme explicado na **pergunta 26**, ajuda a melhorar os aspectos motivacionais. No entanto, não haverá sucesso se a empresa não conhecer seus funcionários e suas necessidades. A via de comunicação deve permanecer aberta para tentar aproximar e conciliar as necessidades dos funcionários às necessidades da empresa, de modo que a meta em comum seja inspiradora para todos.

Ter um departamento de recursos humanos ativo e estratégico é de suma importância nesses casos. Todas as ações relacionadas às pessoas, desde a contratação até as promoções, devem estar alinhadas com a estratégia da empresa. Isso inclui planos de benefícios, planos de carreira, promoções, treinamentos, etc. Infelizmente, nem sempre vemos esse cenário aqui no Brasil. Muitas empresas ainda trabalham de forma reativa, ou seja, só realizam ações relacionadas às pessoas quando a situação se torna crítica. Por exemplo, só realizam um plano de desenvolvimento de líderes quando os mesmos apresentam muitos problemas, enquanto o correto seria realizar ações proativas, ou seja, preparar antecipadamente os líderes, desenvolvendo competências como delegação de tarefas, feedback, comunicação, formação de times e gestão de mudanças, que não eram utilizadas quando os mesmos faziam parte do quadro operacional.

Rumores na comunicação, falta de clareza nas políticas internas, gestores mal preparados, desconhecimento da visão estratégica da empresa e falta de ações proativas são apenas alguns exemplos de situações que acabam por minar um ambiente motivador. Sei que não é fácil trabalhar de forma organizada e planejada, mas é necessário reconhecer as falhas e criar ações, mesmo que mínimas, para que todos vejam o esforço da empresa em melhorar.

46. Se a motivação nasce de uma necessidade interna, como é possível explicar o caso de pessoas que se dizem motivadas pelo salário?

Existe a motivação intrínseca, que surge de uma necessidade existente dentro da pessoa, e a motivação extrínseca, que é gerada por fatores externos à pessoa. No caso do trabalho, os motivadores extrínsecos seriam os salários, os benefícios, a supervisão, etc. Entretanto, sabe-se que pessoas motivadas intrinsecamente conseguem manter sua energia, ou motivação, por muito mais tempo do que as pessoas motivadas apenas extrinsecamente.

Isso acontece porque o homem busca um significado para as realizações de suas ações, principalmente as de longo prazo. A resposta para a pergunta "para quê eu faço isso?" é extremamente importante. Se a resposta para a pergunta "para quê eu vou trabalhar?" for simplesmente "para ganhar meu salário e pagar contas para minha subsistência", o sentido de sua existência fica reduzido a comer, dormir, se matar de trabalhar e pagar contas. Só isso! Quando a pessoa percebe que está em um ciclo parecido com esse, em que não sai do lugar e trabalha apenas para o salário, sua motivação para o trabalho simplesmente desaparece, pois o motivo para tanto esforço se torna tão pequeno que chega ao ponto de não valer a pena o sacrifício. Nesse caso, a empresa pode oferecer o que for, mas nada será suficiente para agradar ou motivar o funcionário. Na **pergunta 19** também foi explicado porque o dinheiro está entre os mais baixos fatores de motivação.

É por essa razão que a automotivação (explicação na **pergunta 4**) é o melhor caminho e o mais duradouro. Os demais são paliativos, duram pouco tempo e logo precisam de uma "injeção" a mais.

47. Manter a equipe motivada é suficiente para alcançar metas?

Não. A motivação é importante porque traz o impulso necessário para que a equipe busque resultados, mas outros fatores, como boa liderança e boas condições de trabalho, também são importantes. A boa liderança resulta nos mais altos índices de motivação. Liderança forte é aquela em que o líder sabe conduzir os trabalhos da equipe, sabe fortalecer o espírito de confiança entre os membros da equipe e sabe delegar, dando autonomia e suporte e fazendo com que os colaboradores sintam que estão aprendendo e crescendo a cada dia.

48. O que fazer com uma equipe desmotivada?

Falta de motivação é falta de motivo para a realização de alguma ação. Quando não se tem clareza do "porquê" ou "para quê", as ações não são realizadas e a determinação fica comprometida. O líder possui uma função muito importante quando o assunto é motivação e condução de equipes.

O líder dever ser hábil em comunicar e inspirar a visão (para onde irão? por que estão juntos?) e deve esclarecer os objetivos das tarefas, dando significado a elas e motivando a equipe a concretizar as etapas do planejamento.

Entretanto, comunicar a visão não é suficiente. É preciso que o líder seja capaz de planejar, estruturar, treinar e desenvolver a equipe. Por isso, o líder deve saber avaliar as competências já desenvolvidas de cada membro da equipe, assim como o potencial de cada um para que possa ser desenvolvido e para que possa estimular o crescimento.

O líder deve ter consciência de que uma equipe passa por fases de desenvolvimento e deve permanecer atento às necessidades coletivas a fim de manter os integrantes sempre estimulados, bem como proteger o vínculo baseado em confiança mútua. Incentivar, questionar e avaliar continuamente a evolução da equipe é uma forma de manter o ritmo de crescimento constante.

Instituir normas e padrões claros e objetivos que deverão ser seguidos pelo time também é responsabilidade do líder. A falta de estrutura, planejamento e clareza nas regras pode fazer com que o líder se perca na condução da equipe e, quando o líder se perde, a equipe também se perde.

Como é possível perceber, o exercício da liderança é bastante complexo e requer muitas habilidades relacionadas à inteligência emocional. Infelizmente, muitos líderes são promovidos por motivos como tempo de casa, confiança ou conhecimentos técnicos. Pouco peso é dado para as habilidades de liderança em si. Esse viés na promoção dos líderes acaba trazendo grandes problemas para as organizações.

O ideal seria preparar os líderes antes de assumirem os cargos de liderança. Políticas proativas como essa pouparia líderes, liderados e organizações de grandes desgastes e frustrações.

49. O que fazer para não se sentir desmotivado quando integra uma equipe ruim?

É importante lembrar que trabalhar em equipe significa realizar ações com metas em comum, mas não significa que você deva deixar sua individualidade de lado. Se você trabalha em uma equipe desmotivada, não quer dizer que você também deva ficar desmotivado. Aliás, esse é o grande desafio que a vida lhe apresenta por meio dessa experiência. Saber manter sua energia em alta quando o ambiente e as pessoas ao seu redor não são positivos é uma habilidade muito importante a ser desenvolvida.

Tenha sempre claro em sua mente que você, como profissional, tem um resultado a entregar. Portanto, foque sua energia em direção à sua meta. Mesmo que o ambiente seja negativo e que as pessoas tentem lhe contaminar por meio de fofocas, reclamações e argumentos negativos, procure manter-se sempre com o pensamento em seus objetivos profissionais. Não se deixe contaminar.

Para manter seu estado de espírito sempre positivo, você pode trabalhar juntamente com seu corpo e mente. Se você conseguir condicionar seu corpo a estados emocionais positivos, vibrando em alegria, amor, motivação e felicidade, quando sua mente fraquejar por alguns instantes, sua referência corporal poderá lhe trazer o foco positivo de volta.

Se o clima estiver pesado demais, vale a pena realizar o exercício descrito na **pergunta 37**. Proteja-se de más vibrações.

Para manter seu estado emocional sempre positivo, realize o exercício da **pergunta 33**. Aprenda a vibrar em amor sempre. Isso ajuda a manter a energia corporal em alta e a mente fica livre dos problemas para pensar no trabalho.

Uma vez que você já cuidou de si mesmo, aprenda a lidar de forma racional e objetiva com problemas externos.

- **Negligência:** se você tem um colega que está tão insatisfeito com o trabalho que acaba por realizar o serviço de forma morosa e até mesmo negligente, apenas diga a ele que você compreende seu estado de espírito, mas que você se importa com o resultado do trabalho. Relembre-o do motivo pelo qual estão trabalhando e mostre como o trabalho dele afeta diretamente o seu e a empresa como um todo. Se for necessário, mostre amorosamente que a escolha de fazer o trabalho da pior forma possível não é sua, mas sim dele. Caso não consiga resultados positivos, peça ajuda a um superior. Não se intimide por querer fazer o melhor possível. A negligência é um problema ético e não é possível ser conivente com comportamentos que prejudicam a sobrevivência da empresa;

- **Falta de estrutura:** se você percebe que o problema advém da falta de estrutura de trabalho, procure conversar com seu líder a respeito disso. Lembre-se que o seu objetivo é fazer o melhor possível e que deseja fazer parte da solução. Ao conversar com seu chefe, lembre-se de oferecer algumas sugestões de solução para que a equipe não se sinta limitada por questões externas;
- **Problemas com liderança:** se o seu problema é um mau líder, que falha na condução e no suporte da equipe, procure conversar com seus colegas para verificar se todos têm a mesma opinião. Depois, liste os problemas e as sugestões de solução. Procure intervir de forma não emocional. A tendência nesse tipo de situação é que as pessoas usem o tempo para desabafar e para falar mal, não para solucionar o problema. Uma vez com a lista em mãos, chame seu líder para uma conversa franca. Explique, de forma madura e não emocional, quais tipos de comportamento manifestados por ele acabam minando a motivação da equipe e ofereça sugestões para melhorar. Esse tipo de conversa é sempre muito difícil de ser iniciada, pois nenhum líder se sente à vontade quando aspectos negativos de seu trabalho lhe são apontados. Portanto, antes de iniciar a conversa, procure mostrar ao seu líder que você está lá como parceiro e não como inimigo.

50. Sinto-me estressado e desmotivado. Tirar férias ajuda a recuperar a motivação?

Sim, pode ajudar. Às vezes, a correria do dia a dia, a sobrecarga de problemas, trabalhos e responsabilidades, o trânsito, o cansaço físico, os problemas familiares e emocionais, etc., podem tirá-lo do foco, causando estresse. Trabalhar com estado mental focado, ao contrário do que pode parecer, relaxa a mente, trazendo sensação de paz e bem-estar e aumentando a produtividade. É por isso que os exercícios de meditação são iniciados por exercícios de concentração em um único foco. O foco no momento presente não permite preocupações e pensamentos paralelos.

Quando a mente perde o foco, ela passa a funcionar de forma oscilante, tal qual um pêndulo, oscilando entre preocupações futuras e angústias passadas sem conseguir se concentrar no momento presente. Pensamentos oscilantes como "ainda preciso terminar aquele relatório" (preocupação com o que virá — mente no tempo futuro), "esqueci de enviar o e-mail de confirmação" (preocupação com o que já passou — mente no tempo passado) e "será que vou me atrasar para a reunião que começa daqui a uma hora?" (preocupação com o que virá — mente no tempo futuro) consomem a energia da mente, diminuem a produtividade e geram ansiedade.

A ansiedade é a preocupação com o futuro e pode ser causada por preocupação em dar conta dos problemas diários, como entregar trabalhos no prazo, medo de não conseguir pagar as contas, preocupação com os filhos, desgastes emocionais, etc. Preocupações demais, vividas por um período longo de tempo, podem virar estresse.

A emoção em questão é o medo. O medo é uma emoção que está sempre relacionada ao futuro. Preocupações demais geram sintomas físicos como aumento do batimento cardíaco, sudorese, agitação, tensão muscular, alterações na alimentação (come demais ou de menos), etc. A ansiedade vivida por muitos dias gera estresse porque o corpo não aguenta trabalhar "no limite" por tanto tempo. E aí é comum sentir desânimo, sensação de fadiga e irritação.

O estresse é resultado da tentativa do corpo e/ou da psique de entrar em harmonia novamente. O estresse pode causar sintomas **físicos** (mudança no metabolismo, aumento do ritmo cardíaco e respiratório, aumento da pressão sanguínea, dores de cabeça e até ataques do coração); **psicológicos** (irritação, insatisfação, tédio, procrastinação, perda de memória, etc); e **comportamentais** (aumento do consumo de cigarros ou álcool, aumento ou diminuição do apetite, distúrbios do sono, absenteísmo, etc).

Caso não seja tratado, o estresse pode gerar inúmeras doenças, desde doenças de baixa resistência, como gripe, terçol e conjuntivite, até doenças mais graves, como problemas cardíacos e câncer. O estresse também pode evoluir para distúrbios psicológicos como depressão, síndrome do pânico, etc.

Sair de férias é positivo, principalmente se você estiver nessa onda de estresse. Significa dar uma pausa no caos do dia a dia para recuperar as energias e, principalmente, fazer um breve balanço sobre como vão as metas de cada área da sua vida (profissional, familiar, relacionamentos amorosos, vida financeira e saúde), aquelas metas trabalhadas na **pergunta 9**. É preciso relembrar as metas, resgatar o foco da sua vida, aquilo que é realmente importante para você, de forma que retome as rédeas de sua vida e faça escolhas mais conscientes e saudáveis para você mesmo.

Se você estiver muito envolvido nos problemas, raramente conseguirá solucioná-los, pois isso significa que já está fazendo parte deles. Dar uma pausa e contemplar a vida de fora ajuda a perceber melhor os erros e a programar os acertos. Relembrar as razões da sua existência ajuda a resgatar a motivação para viver e a recarregar as energias para a nova fase que virá.

Motivação sem Truques

CONCLUSÃO

O tema motivação, apesar de abranger diversos aspectos, como autoconfiança, sensação de controle, planejamento, iniciativa e muitos outros discutidos no decorrer do livro, pode ser resumido em uma única ideia: **a busca pela felicidade.**

A força que nos move para o futuro, que nos levanta após cada derrota e que nos faz enfrentar diariamente grandes adversidades em busca de um sonho é o desejo da felicidade. Se você fizer uma pequena enquete com seus amigos e familiares sobre o que eles mais almejam na vida, ouvirá respostas do tipo: "desejo ser rico", "desejo me realizar profissionalmente", "desejo saúde", "desejo um grande amor", etc. No entanto, o que está por trás de todos esses desejos é a vontade de ser feliz.

Sendo assim, lutamos arduamente para ganhar dinheiro porque sabemos que ele proporciona conforto material e mais tempo livre para usufruirmos da sensação de felicidade. Porém, de nada adianta termos conforto material se nos sentimos sozinhos, rejeitados e mal-amados. Queremos pessoas à nossa volta para compartilharmos nossa felicidade. Queremos ser amados, queridos e respeitados. Por isso, também almejamos bons relacionamentos com familiares e amigos, além de desejarmos gozar de boa saúde, pois sabemos que é muito mais difícil desfrutar da felicidade plena em meio a doenças.

Conforme vamos avançando nos degraus da evolução humana, percebemos que a felicidade também se dá quando proporcionamos felicidade aos outros. Percebemos que, com nosso conhecimento e trabalho, podemos beneficiar o mundo em que vivemos, e isso faz com que almejemos fazer o bem aos outros.

Dessa forma, aprendemos a nos sentir felizes por fazermos os outros felizes.

Entretanto, a felicidade é um estado de espírito e, assim sendo, só pode ser vivenciada no momento presente. É justamente esse paradoxo entre buscar a felicidade no futuro e somente poder vivenciá-la no presente que causa grande confusão quando abordamos os aspectos motivacionais.

A motivação também é um estado de espírito que traz sensações parecidas com a felicidade e, por ser um estado de espírito, só pode ser vivida no momento presente. Então fica a pergunta: como é possível buscar a felicidade no futuro se só podemos vivenciá-la no momento presente?

É exatamente aí que mora a chave da questão motivacional. É preciso aprender a ter prazer no momento presente, mas inspirando-se no futuro. É somente dessa forma que conseguiremos prolongar os estados de felicidade durante toda a vida.

Este livro lhe deu bases para compreender melhor o funcionamento da motivação, os aspectos que a influenciam e exercícios práticos que podem ser aplicados no dia a dia para que você se mantenha motivado. O mais importante, porém, não virá deste livro, mas sim de você mesmo. Antes de tudo, ser feliz e estar motivado são questões que envolvem escolhas.

A inspiração na felicidade futura e possibilidade de vivenciar um pouco dessa felicidade a cada dia requer um posicionamento muito firme diante da vida. É preciso escolher todos os dias e, de forma consciente, ser feliz. Não é um caminho fácil, mas é 100% possível. Você já possui as ferramentas, mas a forma de utilizá-las e o caminho a ser seguido é você quem escolherá.

Trabalho e Motivação

Independente do caminho pelo qual optar, lembre-se de levar consigo o amor em todos os pensamentos, palavras e ações. Ele o fará ir mais longe, pois não existem fronteiras para o amor. No amor não há dúvidas, só certezas. Não há pobreza, apenas abundância. Não há doença, apenas saúde. Não há tristeza, apenas felicidade. Não há medo, apenas coragem. Não há escuridão, apenas luz. Se possuir a força do amor, terá toda a força de que precisa e nunca se sentirá desamparado.

Motivação sem Truques

REFERÊNCIAS BIBLIOGRÁFICAS

ARNIZ, W.; CHASSE, B.; VICENTE, M.; Quem Somos Nós. Editora Prestígio Digital. Rio de Janeiro. 2007.

BERGAMINI, C. W.; CODA, R. (orgs.); Psicodinâmica da Vida Organizacional. Editora Atlas. São Paulo. 1997.

BERGAMINI, C.W.; TASSINARI, R.; Psicopatologia do Comportamento Organizacional: organizações desorientadas, mas produtivas. Editora CENCAGE Learning. São Paulo. 2008.

BONDER, N.; A Alma Imoral. Editora Rocco. Rio de Janeiro, 1998.

BONDER, N.; A Cabala do Dinheiro. Editora Rocco. Rio de Janeiro. 2010.

FERREIRA, A.B.H.; Mini Aurélio. 6ª Edição. Editora Positivo. Curitiba. 2005.

FRANKL, V. E.; Em Busca de Sentido. 33ª Edição. Editora Vozes. Rio de Janeiro. 2013.

GOLEMAN, D.; Inteligência Emocional. Editora Objetiva. Rio de Janeiro. 2007.

HEIDEGGER, M.; Ser e Tempo. 7ª Edição. Editora Vozes. 2012.

HOLMES, D.S.; Psicologia dos Transtornos Mentais. Editora ARTMED. Porto Alegre. 1997.

JONES, L.; LOFTUS, P.; Organize Melhor o Seu Tempo. Clio Editora. 2010.

JUNG, C.G.; O Homem e Seus Símbolos. Editora Nova Fronteira. Rio de Janeiro. 2002.

LENCIONI, P.; Os 5 Desafios das Equipes. Editora Campus. Rio de Janeiro. 2003.

MARTINS, J. M.; A Lógica das Emoções: na ciência e na vida. Editora Vozes. Rio de Janeiro. 2004.

MURPHY, J.; O Poder do Subconsciente. Editora Viva Livros. 2ª Edição. Rio de Janeiro. 2012.

NASIO, J.D.; Como Agir com um Adolescente Difícil? Editora Zahar. Rio de Janeiro. 2011.

LAPLANCHE e PONTALIS.; Vocabulário de Psicanálise. Editora Martins Fontes. São Paulo. 1998.

ROSSI, A.M.; QUICK, J.C.; PERREWÉ, P.L. (orgs.); Estresse e Qualidade de Vida no Trabalho: o positivo e negativo. Editora Atlas. São Paulo. 2009.

QUINN, R. E.; FAERMAN, S.R.; THOMPSON, M.P.; MCGRATH, M.; Competências Gerenciais. Editora Campus/Elsevier. 3ª Edição. Rio de Janeiro. 2004.

ROBBINS, S.; Comportamento Organizacional. 9ª Edição. Editora Pearson. Prentice Hall. São Paulo. 2002.

SCHUCMAN, H.;THETFORD, W.; Um Curso em Milagres; Editora Abalone. São Paulo. 1999.

SNYDER, C.R.; LOPEZ, S.J.; Psicologia Positiva: uma abordagem científica e práticas das qualidades humanas. Ed. Artmed. Porto Alegre. 2009.

THEOPHILO, R.; ESTUDO - Ensaio das Máscaras da Inveja.

Referências Bibliográficas

WEISINGER, H.; Inteligência Emocional no Trabalho. Editora Objetiva. Rio de Janeiro. 1997.

WEISS, D.; Aprenda a Delegar com Eficiência. Editora Nobel. São Paulo. 1991.

WEITEN, W.; Introdução à Psicologia: temas e variações. 4ª edição. Editora Thomson Pioneira. São Paulo. 2002.

http://webinsider.com.br/2003/01/30/algumas-dicas-para-a-administracao-do-tempo/. Acesso em 28 de julho de 2014.